editorial Sol90

图说人类文明史
古希伯来

西班牙 Sol90 出版公司 编著

同文世纪 组译　宋涵 译

中国农业出版社
农村读物出版社
北　京

图书在版编目（CIP）数据

图说人类文明史. 古希伯来 / 西班牙Sol90出版公司
编著；同文世纪组译；宋涵译. —— 北京：中国农业出
版社，2024.9
　ISBN 978-7-109-29163-8

　Ⅰ. ①图… Ⅱ. ①西… ②同… ③宋… Ⅲ. ①犹太人
－民族文化－文化史－古代－通俗读物　Ⅳ. ①K103-49

中国版本图书馆CIP数据核字（2022）第031274号

GRANDES CIVILIZACIONES DE LA HISTORIA

El pueblo hebreo

Author: Editorial Sol90

Based on an idea of Daniel Gimeno
Editorial Management Daniel Gimeno
Art Direction Fabián Cassán
Editors 2019 Edition Joan Soriano, Alberto Hernández
Writers Juan Contreras, Gabriel Rot
Research and Images Production Virginia Iris Fernández
Proofreading Edgardo D'Elio
Producer Marta Kordon
Layout Luis Allocati, Mario Sapienza
Images Treatment Cósima Aballe
Photography Corbis, Science Photo Library, Getty, Sol90images
Illustrations Dante Ginevra, Trebol Animation, Urbanoica Studio, IMK3D, 3DN, Plasma Studio, all commisioned specially for this work by Editorial
Sol90.
www.sol90images.com

图说人类文明史

古希伯来

中国农业出版社出版

地址：北京市朝阳区麦子店街18号楼
邮编：100125
项目策划：张志　刘彦博　　责任编辑：孙利平　张志　　责任校对：吴丽婷　　责任印制：王宏
翻译：同文世纪 组译　宋涵 译　　审定：周双双　　丛书复审定：刘林海　　封面设计制作：张磊　　内文设计制作：田晓宁
印刷：鸿博昊天科技有限公司
版次：2024年9月第1版
印次：2024年9月北京第1次印刷
发行：新华书店北京发行所
开本：889mm×1194mm　1/16
印张：6
字数：200千字
定价：98.00元

图说人类文明史

古希伯来

目 录

前言：记忆的使命

希伯来人长达千年的生存之战似乎是历史上的一个奇迹，它时刻展露着仇外、流亡和被迫害的鲜明特征。但在犹太人卡尔·马克思（Carl Marx）撰写的著作《论犹太人问题》（La cuestión judía）中，他解释道："犹太人的生存并非历史之'重担'，而是'成就了'历史本身。"和许多犹太人一样，卡尔·马克思信仰人类的自我救赎。除了马克思在作品中对犹太人生存的解释，我们还认识到，每个人都是历史的组成部分，并交由历史评判和诠释，这是不可否认的事实。希伯来人的成长也同样是历史和社会发展的一部分。几千年来，犹太人命运多舛，他们惨遭屠杀、流放、诽谤、抨击、种族主义的欺骗和"最终解决方案"的制裁，直至第二次世界大战期间遭到灭顶之灾，被纳粹法西斯疯狂屠杀，整个民族濒临消亡。在近千年的发展历程中，希伯来人奋发图强，延续着民族的生命力，保持着特有的文化特征，印刻着恒久的历史记忆，在人类活动如经济、艺术、科学、哲学思想等各个领域表现出色。很少有民族像希伯来人那样忠于接纳自己，就像数以千计的塞法迪犹太人那般，尽管被逐出了西班牙，仍然说着古老的卡斯蒂利亚语言。同时，很少有民族像希伯来人那样，坚守着他们的弥赛亚传统、始终如一的热情和思想、社会性的游行及勇于牺牲的精神。从文艺复兴时期的觉醒、1789年的法国大革命和1848年欧洲革命（又称"民族之春"），到1917年的俄国十月革命，再到反对纳粹法西斯主义的斗争和20世纪60年代至70年代拉丁美洲的人民斗

在西班牙语中，Matzá意为"未发酵的面包"。这个单词很容易让人们想起埃及法老王时代奴隶制下的困苦生活，进而让人联想到象征着自由和解放的逾越节。

争，种种反抗与斗争无不展现他们的顽强与拼搏精神。虽然没有一个固定的国家，没有集中的宗教活动，没有成片的领土、属地，甚至没有统一的语言，但是强大的生存能力成了希伯来民族得以延续的关键因素。

如此一来，希伯来人形成了一种特殊的民族凝聚力，多样性不再是人们所依赖的最佳共存方式。反之，由宗教使命和文化传统维系的永久性记忆构成了希伯来文化的引力中心：无论身在何处、在何种情况下，人们总能回到伟大的《圣经》神话之中。在那里，在应许之地上培养着人文主义的根基，流淌着由"牛奶和蜂蜜"（即食物和甜品）浇灌而成的河流。

《塔纳赫》（Tanaj，即《希伯来圣经》）是犹太文化思想的核心。

概述：应许之地

　　希伯来文化在地中海东部沿岸蓬勃发展，特别是在《圣经》所指的迦南地和罗马人称为巴勒斯坦的地方。由于《希伯来圣约》版本各异，《圣经》中对应许之地的神话追溯也颇为模糊。来自美索不达米亚的游牧民族定居在该地区，从事着畜牧、农业和商业等人类活动。此处也是过境之地，记载着持续不断的入侵、流亡和回归之旅。◆

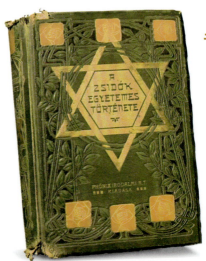

书中之书

　　左图是匈牙利语版的《塔纳赫》——希伯来人的宗教经典。本书以创世记为开篇，记载着犹太教历史发展的前前后后。基于神与希伯来人祖先亚伯拉罕（Abraham）之间的契约，犹太教奠定了一神教信仰，并与迦南地建立了千丝万缕的永久联系。之所以称之为"书中之书"，是因为该作品内容丰富，包含着历史故事、宗教和道德戒律、歌曲和诗歌，已成为众多艺术作品和哲学论著的灵感之源。

塞浦路斯

地 中 海

贝尔兹大会堂

　　贝尔兹大会堂位于圣城耶路撒冷，是以色列最大的希伯来神庙。这座犹太会堂建于20世纪80年代至90年代，历时15年，坐落于哈西德教派的聚居区，其前身是古老的贝尔兹犹太会堂。老会堂由德高望重的萨尔·沙洛姆先生（Sar Shalom）于1834年在波兰贝尔兹小镇（现属于乌克兰）修建，但在第二次世界大战中被纳粹摧毁。新会堂由少数逃脱种族灭绝事件的贝尔兹哈西德人的后裔筹建完成，他们当中的主推者在19世纪的欧洲雄起一时。

叙利亚沙漠

以色列

腓尼基

太巴列湖（加利利海）

以色列王国

耶路撒冷

阿拉伯沙漠

死海

犹大王国

腓力斯丁人

西奈半岛

埃及

红海

所罗门神殿

神殿建造于耶路撒冷，内部放置着犹太人穿越沙漠时随身携带的帐篷，以及上帝在西奈山赐给摩西（Moisés）的律法书简。这座古庙遭受了巴比伦人和罗马人的两次大规模袭击，如今仅有西墙屹立不倒，有〝叹息之壁〞之称。

示巴女王（Saba）

根据《圣经·旧约》记载，示巴（即现在的埃塞俄比亚）女王带着游行队伍盛装前往耶路撒冷，想要了解所罗门王（Salomón，右图最右侧的柱头处）的伟大智慧。队伍一行携带了香料、黄金和宝石等礼物。女王被所罗门王的正义之举所震撼，于是，将其视为当地的一神教主。许多自称是示巴女王和所罗门王儿女的埃塞俄比亚人后来移民以色列，声称自己是犹太后裔。

历史和社会组织

历史和社会组织

亚伯拉罕的后裔

在前5千纪末期，现巴勒斯坦地区达到了与叙利亚北部文明相似的经济和文化发展水平，由游牧生活向更高级的定居生活过渡。前4千纪，受定居农户和半游牧民族间相互渗透、影响，迦南人构建了城邦组织。

在千年发展历程的初期，北方传来冶金技术和象牙加工工艺，出现了适应干旱地区的种植技术和经济结构。如此一来，迦南地区就形成了以谷物种植和饲养各类牲畜为生的小型村庄。

在前4千纪后期，埃及开始影响这个地区的走向，使其在经济和军事上居于从属地位。埃及和美索不达米亚王国对该地区的治理产生了不同意见，前者主张扩张，后者则强调巩固。直到千纪末期，迦南地区的种植和畜牧文明才发展起来。这块曾经的是非之地最终成了贸易路线的必经之地。"国王之路"漫长崎岖，它穿越了西奈沙漠和迦南地区，串联起美索不达米亚和尼罗河地区，为整个地区带来了巨大的经济效益。更重要的是，在迦南这片土地上，商品、技术、思想和信仰的交流也促进了文化的进一步发展。

和平之景

正如《圣经》所记载的，希伯来人的种族起源已逐渐无迹可寻。在族长时代，亚伯拉罕带领族人离开了故土亚兰拿哈林（希伯来人称之为"美索不达米亚"），成了游牧民族。后不知何故，亚伯拉罕放弃了最初的定居点和其后城邦发展所带来的文明优势，选择回到与早期阶段相对应的原始生活方式。根据《创世记》（Génesis，12—13）的记载，他这样做是因为承担了更高级的使命：传播对至尊上帝的信仰。他与上帝订立了一项盟约，并且他的子孙后代都会始终遵守这项约定。

当然，除了上述情况，也一定还有其他因素促使亚伯拉罕离开亚兰拿哈林，比如来自其他游牧部落的压力。如胡里特人是中东的一个部落，他们生活在美索不达米亚以北的卡布尔河谷，在向南迁徙的途中建立了米坦尼国，雄踞一方。

由于种种原因，亚伯拉罕进入迦南的方式相对平和。他的氏族人口数量很少，不需要大片牧场来维系生活。因此，他们的进入并没有引起该地区其他定居部落的警觉。为了避免因处于贸易路线而遇到麻烦，亚伯拉罕选择穿越几近荒芜的高原，一路前行至伯特利，再向南前往希伯伦的牧场。

❖ **大卫王**（David）在登上国王宝座后，将以色列的首都定为耶路撒冷。《诗篇》（Salmos）便是他权威的象征。左图为雅克·贝格（Jacques Berg）制作的雕像。

❖ **以撒的牺牲**象征着对信念的极度服从。上图为约翰·里斯 (Johann Liss) 17 世纪的绘画作品。

❖ 年轻的牧羊人**大卫**征服了腓力斯丁将军歌利亚（Goliath）。配图为安德里亚·曼特纳（Andrea Mantegna）的画作。

《摩西五经》的撰写

❖❖❖

尽管被称之为《摩西五经》，并且相传是由摩西接受上帝的启示而撰写的，但这部希伯来法律汇编的作者到底是谁，还有待考证。一方面，书中记录了摩西死后之事：他在尼波山顶眺望永远都无法到达的应许之地。另一方面，书中没有任何一个地方明确表明或者暗示其作者就是摩西。因此，我们可以推定，《摩西五经》是多位作者、多种版本，甚至是多个时代作品共同的结晶。这就解释了为什么《摩西五经》中会重复出现相同主题的段落，并且在语言风格与描述上有所不同。

游牧民族和半游牧民族

巴勒斯坦中部的殖民化程度很低，像"示剑"和"伯特利"这样被称为"以法莲所得之地"的城市大部分被森林所覆盖。另外两个重要的城市中心建造在丘陵交错的"基遍"和"耶路撒冷"，地理条件适宜种植橄榄树和藤本植物。朝着贝尔谢巴方向再往南和往西，这边的土地更为开阔，并逐渐靠近西奈半岛的干旱沙漠，是游牧民族的理想栖息处。尽管亚伯拉罕有时被迫与其他游牧民族争夺泉水和水井的使用权，但是，他至少可以防止城市居民的干涉和抗议，从而为居住地构建更为结构化和固定的准则。

族长亚伯拉罕和他的直系后裔不是游牧民族，而是半游牧民族。只要环境允许，他们就会定居下来。众所周知，亚伯拉罕的帐篷设在位于希伯伦西北1千米处的幔利橡树林中（《创世记》，18：1），以及迦南西南部的贝尔谢巴（《创世记》，21：25-34，22：19）和伯特利附近（《创世记》，13：3-4）。

亚伯拉罕的儿子以撒（Isaac）轮流定居在基拉耳和贝尔谢巴两个城市（《创世记》25：11，26：16和23-25）。第三任族长雅各（Jacob），即以撒的儿子，亚伯拉罕的孙子，通常居住在伯特利（《创世记》，35：1-6）和希伯伦（《创世记》，35：27）两地之间。亚伯拉罕和以撒均与基拉耳王亚比米勒（Abimelec）签署了协议，共同维护城市居民和半游牧部落和谐相处。由此，亚伯拉罕才能买到希伯伦的麦拉比（Majpelá）山洞（《创世

记》，23：1—20），用以埋葬族人。双方合约的签订揭示了彼此信任与和平共处的关系。

父权社会

"族长"的头衔并不是只给最长寿的人，它是父权制度的权威象征。在这种社会组织的模式下，父亲是家族或家庭的宗教领袖，也是法律权威，在全体族人或家人的共同信仰方面指导人们的行为规范。就希伯来人而言，其宗教基础是亚伯拉罕与上帝的协议，他们认定，上帝是独一无二且无所不能的神。

族长地位的延续依靠他的妻子（们），以及族内未成年的子孙后代。继承权交由男性一脉，并且长子优先继承。每个家庭的父亲都可以掌控其子女的生命权（《创世记》，22：9；《士师记》，Jueces，11：30—39），而孩子们必须服从父亲的决定（《出埃及记》，Éxodo，20：12）。成年子女和他们各自的家庭遵循着父权制度下的家族规矩。除非族长死前任命其他儿子继任，否则将由长子成为新的族内领袖。其中，雅各的继承便是一个例外（《创世记》，49：8）。这样，经过几代人的努力，家庭便发展成为氏族。

父母为儿子挑选妻子，并以相同的标准决定女儿的婚姻命运。当然，子女嫁娶的最终决定权都在族长手中。大部分情况下，妻子都是来自家族内部乃至同一个家庭。亚伯拉罕的妻子撒拉（Sara）是他同父异母的妹妹（《创世记》，20：11—12）；以撒的妻子利百加（Rebeca）是他堂兄弟的女儿（《创

亚历山大圣经

亚历山大大帝（Alejandro Magno）去世后，托勒密将军（Ptolomeo）设法统治了马其顿帝国的埃及和巴勒斯坦地区。他的第一个举措就是将数千名希伯来人从古迦南地区驱逐到帝国的首都亚历山大港，同时，禁止开展摩西宗教活动。犹太人不得不选择秘密地保护其文化习俗。为了避免后代忘记《摩西五经》，他们计划将其翻译成希腊文传播。但该提议引发了不少争议。许多智者表示反对，因为这一做法是大不敬的：希伯来语是上帝的神圣语言，不能用其他任何语言代替。由于族内议会赞成票占多数，律法的翻译工作由一群学者于前3世纪中叶完成。

世记》，24：15）；雅各娶了他的堂妹拉结（Raquel）和利亚（Lea）（《创世记》，29：16—31）。尽管夫妻关系受到如此严格的限制，但是希伯来文化的土壤中却涌现出了一批非常杰出的女性，例如，底波拉（Débora）和米里亚姆（Miriam），还诞生了世界文学史上最为奇妙的一首爱情诗：所罗门王的《雅歌》（Cantar de los Cantares）。

❖ 罗马**皇帝**韦帕芗（Tito Vespasiano，右图）压制了犹太人的叛乱，将耶路撒冷夷为平地，摧毁了圣殿，并大规模驱逐迦南地区的犹太人。

❖ **亚伯拉罕**出生于吾珥（美索不达米亚的一座古城，下图为该城守护神月神的神庙）。根据《圣经》的记载，族长将他与神的协议密封在了迦南，即"应许之地"。

随着家族成员数量的不断增加，所需的牧场面积和族人的活动范围也进一步扩大。当放牧场地不能满足族人的需求时，族内便产生了分裂（《创世记》，36：6-8，38：1）。一些勇者建立了自己的宗族，选出了各自的族长，部落由此诞生。希伯来人的后裔亚伯拉罕、以撒和雅各也是如此，其中雅各还创建了以色列著名的12个部落。部落成员虽然分散在各地，但始终铭记彼此之间存在着的宗族关系，并时刻准备着在必要时彼此团结（《创世记》，36：9-19）。出于种种原因，许多外国人也萌生了宗族融合的意识，将自己视为希伯来人的一分子。因此，正如《希伯来圣经》中许多段落记录的那样，在发生重大事件和重要的纪念时刻，以色列的神会命令他的人民，不要忘记非犹太人的参与。

最终，父权制度的权力划分激发了巨大的向心力，使三位族长的后代都表现出鲜明的民族特色，彰显着与众不同的身份特征。

至尊的上帝

希伯来人的组织形式在宗教界中独树一帜。正如族内的正常运作仰仗族长的最大权威那样，世界也需要一个独特而全能的上帝来支配世俗生活的方方面面，包括物质需求和精神信仰。如此一来，族长亚伯拉罕的后裔不仅指特定的希伯来人群，还指他们特定的神学观念和宗教活动。

这种对生命本身的探索、对整个世界的认识和对永恒的理解形成了一种特定的文化认同。其影响力已经超越了希伯来人的种族界限，演变为犹太派基督徒，乃至西方文化的思想基石。

也许这就是犹太人千年生存史成为全人类历史浓墨重彩一笔的原因。他们的参与有时极具悲剧色彩，就像第二次世界大战期间遭受的犹太人种族大屠杀；有时又带有希望和救世色彩，例如，安达卢斯的辉煌、文艺复兴运动、19世纪的启蒙运动或20世纪科学与艺术的伟大进步。

实际上，一神教的信仰超越了仪式和戒律，统一了人类的思想观念，让所有人都相信，他们能够并且应该共享同一个世界。犹太教推崇的一神教理念深深地影响着另外两个伟大的宗教：基督教和伊斯兰教。具体而言，这两种宗教都再次体现了犹太人世界观的伟大信念：创造、启示、预言和弥赛亚救赎。

圣城耶路撒冷地图

随着印刷术的发明，尤其是15世纪末《圣经》的出版，人们愈发好奇地想要阅读地理书籍和了解"书中之书"所描述的地图情景。第一张印刷地图描绘了圣城耶路撒冷，绘制于1475年德国吕贝克。德国人伯恩哈德·冯·布雷登巴赫（Bernhard von Breidenbach）的旅行游记在社会上引起了轰动，书中的巴勒斯坦地图由乌得勒支的艾哈德·鲁维希（Erhard Reuwich）绘制完成。两人都于1483年前往古迦南朝圣，他们在游记中描述了1517年被奥斯曼土

耳其帝国占领之前的耶路撒冷。墨卡托（Gerard Mercator）是现有投影映射系统的发明者，他运用这种技术在1537年绘制了第一张巴勒斯坦地图。与此同时，亚伯拉罕·奥特柳斯（Abraham Ortelius）率先对第一本现代地图集进行了不同版本和语言的大规模编辑。旧地图集《世界概貌》（Theatrum Orbis Terrarum）收集了53张地图，其中两张地图来自巴勒斯坦，一张地图属于制图师蒂勒曼·斯特拉（Tilleman Stella），另一张地图来自彼得·莱西斯汀（Peter Laicsteen）和克里斯

蒂安·斯格鲁滕（Christian Sgrooten）。后者在地图边缘绘制了22个描述族长亚伯拉罕生活的圆形插画。用希伯来语印制的第一张圣地图是由两个犹太人制作的：雅各布·本·亚伯拉罕·扎迪克（Yaakov ben Abraham Tzadick）和亚伯拉罕·古斯姆（Abraham Goosm）。地图最初于1621年出版，供在耶路撒冷朝圣的犹太人使用。随着时间的流逝，许多版本的祈祷书或《摩西五经》都绘有应许之地的地图，彰显着犹太社区与其古老宗教根源之间的联系。

❖ 圣城**耶路撒冷**代表着犹太人祈祷的朝向之地。上图是1588年的《寰宇城市》（Civitates Orbis Terrarum）地图集。

亚伯拉罕

　　根据《圣经》记载，亚伯拉罕是至尊一神教信仰的创始人，同时也是希伯来人的先祖和第一任族长。他出生于美索不达米亚的吾珥，父亲是神像雕刻家他拉（Teraj）。在其父亲的工作室里，他发现神像们有眼睛，却看不见，有耳朵，却听不到。那么，为何还要相信这些神像呢？正在亚伯拉罕对神像的权威性产生质疑时，他听到了上帝的回应："我在这里！"于是，上帝与亚伯拉罕订立了盟约，并赐予他"亚伯拉罕"这个名字，希伯来语意为"许多孩子的父亲"，期望他的后代多如"沙漠中的沙砾和天空中的繁星"。◆

《亚伯拉罕的离开》，约瑟夫·莫尔纳（Jozsef Molnar）

前往应许之地

　　在接受了上帝的指令后，亚伯拉罕带领着全家老小、仆人和牲畜开始了前往应许之地迦南的旅程。这段漫漫征程成就了一个事实：希伯来人是游牧民族，而非定居部落。"hebreo"这个词与词根"ever"或"ivri"有关，指"来自其他地方"的人。马丁·布伯（Martín Buber）在他的《摩西》（Moisés）一书中提到了这一想法，并将其与犹太文化中的习俗联系在一起。

以撒（Isaac）是亚伯拉罕的两个儿子之一，他的出生纯属意外，因为当时亚伯拉罕年事已高，并且他的妻子撒拉也因年纪过大而被认为患有不孕之症，他们已经不再期望生养子嗣。亚伯拉罕和他的女仆夏甲（Agar）还生育了另一个儿子：以实玛利（Ismael），他被认为是以实玛利人（游牧的贝都因人）的祖先。

《以撒的牺牲》，菲利波·布鲁内莱斯基（Filippo Brunelleschi）设计的浮雕

"上帝会提供的"

　　《希伯来圣经》记载，当上帝下令要求亚伯拉罕将他的独生子以撒献祭于天，以此来检验他的忠诚信仰时，亚伯拉罕听从了上帝的旨意。在前往献祭的路上，一无所知的以撒问亚伯拉罕："小羊羔在哪里？"亚伯拉罕回答："上帝会提供的。"在献祭的最后时刻，上帝按住了亚伯拉罕的手，祭台上突然出现了一只小羊羔。这则小故事引发了很大的争议。哲学家克尔凯郭尔（Kierkegaard）认为，这是对信仰的至高考验。而对另一些人而言，"规范服从"是指盲目遵守任意指令，是所有原教旨主义的基础。

宗族后代 在《圣经》中，关于亚伯拉罕的血统问题至关重要，这不仅牵扯到族长的权威地位，还蕴含着民族命运的走向。最终，随着时间的推移，甚至会影响全人类的发展进程。

亚伯拉罕 上帝向亚伯拉罕许诺，迦南地将成为他的栖身之所。于是，他从哈兰（现为美索不达米亚叙利亚的哈兰）移居到了迦南。希伯来部落的迁徙路线与许多从高加索南部到西欧的部落迁徙路线相吻合。根据对考古遗迹的考察发现，当时，《圣经》中所描述的家畜迁徙游牧生活方式十分普遍。

一神教 根据希伯来的传统，亚伯拉罕被视为犹太教之父，而基督徒和穆斯林也认为他是一神教的创始人。从这个意义上讲，由亚伯拉罕所衍生出的犹太教信仰被认为是人类历史上第一个一神教宗教。当然，在此之前也出现了关于一神教信仰的零光片羽，例如，来自美索不达米亚的《吉尔伽美什史诗》对此进行了细致的描绘。

羊 放牧一直是希伯来部落的主要日常活动。当亚伯拉罕离开吾珥前往迦南时，他赶着绵羊、驴子和骆驼，直到抵达应许之地迦南，才开始从事农业活动。

出生地

根据《圣经》记载，许多专家认为，亚伯拉罕出生于前 15 世纪伽勒底的吾珥，即位于幼发拉底河河口伽勒底的吾珥市。但在土耳其，人们普遍认为《圣经》中伽勒底的吾珥是指美索不达米亚以北的尚勒吾珥法市。

❖ 伽勒底吾珥的"齐古拉特"（阶梯形金字塔神庙）。

以撒和雅各

　　在以色列族谱中，亚伯拉罕之子是以撒，以撒之子是雅各。这三位"伟大的继承者"都坚定地信奉着上帝的至高权威，崇拜新型的一神论教义。在当时的社会环境中，一神论所推行的仪式和宗教使命与多神论大相径庭。但是，上帝的影响力已渗透到了人们生活的方方面面，左右着人们的日常思维。新的信仰告诉人们，个人与人类共同体的命运息息相关。由此，孕育出了最为珍贵的乌托邦理念。

《雅各的生活》细节图，　作者：奇马布埃（Cimabue）

以撒的出生

　　以撒是业伯拉罕和撒拉之子。他的名字来源于希伯来语的词根 tzjaca，意为"笑声"。追本溯源，正如《创世记》（17：16–17）所述，当他年迈的母亲得知自己将要生育一个孩子时，已经是 90 岁高龄的她开心得放声大笑。"天使旅行者"的神话故事与福音中少女玛丽（Maria）的诞生相呼应，暗示着神对人类生育的赐予和干预。以撒与利百加结婚，育有两个孩子，以扫（Esaí）和雅各。根据《圣经》记载，以扫因为一碗红豆汤而随意地将长子的名分卖给了雅各。后来，虽然为了继承权兄弟反目，但最终重归于好，父亲以撒原谅并祝福了他们。

雅各的梦境

　　在前往巴旦亚兰的漫长旅途中，雅各被田间的夜景深深震撼。"太阳落山后，他捡拾了一些石头，用它们当床头，然后席地而睡。"（《创世记》，28：11）雅各睡得很沉。"他做了一场梦，看见地上撑起了一个梯子，梯子的顶端直达天堂。看哪，上帝的使者正在那上上下下地往来于天堂和人间。"（《创世记》，28：12）。"耶和华（Jehová）在梯子的顶端对着雅各说，我是耶和华，亚伯拉罕的神，你的父亲以撒的神。我将把你躺着的这块土地赐予你和你的后代。"由此，应许之地再次成为族长与上帝之间订立盟约的保证。

❖《雅各的阶梯》，作者：德里欧·勒马克·杰克特（Drieu Lemarc Jackert）。

为何取名"以色列"

　　根据《希伯来圣经》记载，为了嘉奖雅各对信仰的坚定追随和对上帝旨意的严格遵守，上帝将其改名为 Israel（以色列）。在希伯来语中，雅各的发音为 Iaakov。上帝选取了其名字的第一个字母 I，并加上 sra（意为"使者"）和 el（意为"上帝"）两个词。自此，犹太人就成了以色列人，即"上帝的传教士雅各"的后裔，再次加强了普通百姓与至尊上帝之间的盟约关系。

利百加对她的小儿子雅各偏爱有加。《圣经》中提到，有一次，以扫狩猎失败，空手而归，饥肠辘辘。于是，便向他的弟弟雅各讨要一碗红豆汤充饥。雅各在其母亲利百加的劝说下，要求以扫让出他的长子之位。以扫心想，如果雅各死了，这项权利对他也是毫无用处，于是，便同意了这项交易，用《圣经》的话说，以扫这样的行为"蔑视了自己的长子权"。在父权制社会中，这是一种罪恶。

以撒年事已高，在几近失明的时候，他下令让以扫去田间拿些食物过来。利百加知道后，赶紧告诉雅各杀死两只山羊并把它们带给父亲，以便他可以得到父亲的赐福。雅各觉得这样不可行，因为以扫身上的毛发旺盛，而自己却与他截然相反，父亲一旦碰触到他，就会发现自己并不是以扫。利百加让雅各不要担心，可以把山羊的皮毛放在脖子和手臂上来充当以扫的毛发。于是，雅各乔装打扮来到了父亲的面前，冒充自己是以扫，以撒听着声音不对劲儿，就让他靠近一些，在"确定"了是以扫之后，以撒赐福了雅各。

《雅各和以扫》，《穷人圣经》
(Biblia Pauperum) 中的雕刻

雅各和以扫

除了雅各和以扫之间长子继承权之争外，《圣经》神话中还提到了由两人引发的另一场冲突。以扫代表的狩猎民族同雅各代表的农业和游牧民族之间的争夺。人类的放牧活动必然涉及动物的驯养，决定定居生活的开展，从而孕育出美索不达米亚文明、犹太教的诞生，同时出现了城市和村落。

与天使的斗争

《创世记》（32：23-33）中记载，雅各和雅博河两岸的天使发生了争斗。雅各奋力抗拒和挣扎，双方僵持了整整一夜。与天使的长时间斗争，让雅各意识到自己能力有限，被迫率先投降。但是，情况却发生了意想不到的反转，天使给予了雅各比以往任何时候都更为珍贵的祝福，即与他长兄的和解，并且，在此之前，雅各已经偷偷得到了原本属于以扫的祝福。雅各与天使的斗争使宗教承诺更贴近于世俗环境和人类的现实氛围。

埃及之囚

先祖雅各育有12个儿子，在迦南地建立了12个以色列支派。在雅各的12个儿子中，约瑟（José）最受雅各的宠爱。心地善良的他并不知道，自己已经招来了兄长们的嫉妒。一天，兄长们趁机将约瑟推入深井，大难不死的约瑟被辗转卖到埃及，成了奴隶。在埃及，他凭借自己非凡的解梦能力，成为当地有头有脸的大人物。灾荒来临之际，埃及因粮食储量充沛，引得各地灾民都来此买粮。约瑟的兄长及其家人也从迦南迁到了埃及。约瑟不计前嫌，给予了他们力所能及的帮助，一家人终于大团圆。后来，当埃及陷入困境时，数以万计的以色列人沦为了奴隶。◆

《雅各和约瑟在埃及会面》，作者：蓬托莫（Pontormo）

雅各和约瑟在埃及重逢

在埃及时，约瑟因努力工作而受到主人波提乏（Potifar）的喜爱。主母勾引约瑟未成，就陷害他，让他锒铛入狱。约瑟身陷牢中，凭借出色的解梦能力受到法老重用，出狱后被任命为宰相。不久前，受嫉妒心的驱使，约瑟的兄长们趁机将他贩卖给埃及的商队，回家后谎称约瑟已经意外死去。雅各为心爱儿子的离去伤心不已。干旱和饥荒迫使雅各的儿子们去埃及囤积谷物，却意外碰到了他们以为已经死掉的约瑟。后来，族长雅各也带着全家老小前往埃及与约瑟团聚。根据《圣经》记载，"在他临死前最后一次叮嘱孩子们时，他把脚放在床上，并抽出了灵魂。"当时，他已经147岁了。按照他的遗嘱，雅各的遗体被完整地保留下来，并带到了麦比拉洞穴中，与妻子利亚一起葬在迦南的应许之地。

坦率之人 雅各应该出生在拉海－罗伊，当时，以撒和利百加结婚已经20年。他的父亲60岁，祖父亚伯拉罕160岁。像他的父亲一样，雅各是一个性格安静的人，根据《圣经》的记载，他是"un ish tam"，希伯来语意为：一个朴实无华、坦率直接的人。《创世记》也记载着，"雅各从早到晚都躺在帐篷里"，苦心钻研学问。

伟大和痛苦 圣经故事《囚禁在埃及的希伯来人》告诉我们：被兄长卖到尼罗河岸的约瑟，是如何一步一步被法老提升为宰相的。与此同时，它也讲述了犹太人无上权力的崩溃过程，**直至所有**人都沦为奴隶制的受害者。

长子之争　约瑟和他的兄长之间发生的闹剧，以及以扫"出售"长子地位的故事，都巩固和奠定了父权制家庭的基础。实际上，犹太人最初以一个大家族聚居的模式生活但是随着族内人数的不断增加，同胞竞争和长子地位的争夺愈演愈烈，这本质上是对父母继承权的斗争，成了《摩西五经》的重要主题之一。

波提乏

　　波提乏是埃及法院的一名官员，他从商人那里买回了约瑟，经过观察认为他是一个很好的仆人，便把约瑟提升为家里的管家。于是，上帝祝福了他（《创世记》，37；36）。但是，波提乏的妻子对他不忠诚，曾试图引诱约瑟。为了不受诱惑，约瑟逃跑了。没有得逞的女主人反咬一口，指控约瑟意图侵犯她。波提乏一气之下将约瑟关进了监狱，而上帝设法营救了他。

❖《波提乏的妻子引诱约瑟》，作者：乔凡尼·比利沃特（Giovanni Bilivert）。

古老的借口　在提到为什么要对犹太人施行如此残酷的奴隶制时，法老王解释：他担心，如果受到某些敌对势力的攻击，享有极大权力的希伯来人会与其结盟，从而进一步扩张自己的势力，直至无法控制。因此，《圣经》中的种族主义思想昭然若揭，对历史的发展进程产生了不可忽视的影响。

铭记历史　时刻铭记历史构成了犹太文化的鲜明特征。逾越节的盛宴便是对逃离埃及、解放自我的纪念和重现。在庆祝活动中，每个犹太人都要设身处地去感受"仿佛自己刚从奴隶制中解放出来一样"。

逾越节的起源　埃及法老王铁石心肠，不肯让以色列民众离开埃及，神便降下了十大灾难，惩罚埃及法老和埃及诸神的固执与冷漠。最后，"神的灵魂飞越了埃及。"在希伯来语中，动词"飞越"译为pasaj。故此，Pesaj 在西班牙语中意为"逾越节"。

解梦

　　法老做了一个怪梦，梦见 7 头肥牛和 7 头瘦牛。他麾下的巫师（希伯来语为 jartumim）都无法解读其中的寓意。约瑟被带去替法老解梦，他预言，埃及将有 7 年的繁荣，紧接着，又会经历 7 年的艰辛。法老被约瑟的解梦能力所震惊，当即委以重任。

❖《约瑟在法老面前》，佚名雕刻。

埃及康翁波神庙的废墟

逾越节与复活节

　　根据《圣经》记载的历史故事，复活节宣扬的主题是人类解放。庆祝活动的日期在 3 月 22 日至 4 月 25 日，在北半球每年春分月圆之后的第一个星期日。早期的基督徒（犹太人）在逾越节上大肆庆祝，用羊作祭品祭祀上帝，祈祷带走世间的一切罪过。在尼西亚会议上，基督徒将犹太逾越节的庆祝活动变成了拿撒勒人耶稣的复活盛宴，而犹太人则延续着传统的庆祝方式。

解放者摩西

摩西是希伯来人的精神之父，他带领族人从埃及的囚禁中解脱出来。他得到了上帝亲手写的十诫法版，成就了犹太人奉之为生活准则的《摩西十诫》（Diez Mandamientos），构成了人类历史上最具有决定意义的道德基础。根据《圣经》的记载，在摩西的带领下，以色列人摆脱了奴役，一路长途跋涉，前往上帝曾经许诺给他们祖先的应许之地。当然，由于路程的艰辛和困苦，不少人甚至留恋起了在埃及做奴隶的日子，他们认为也许自由比束缚更难以承受。最终，摩西将他的族人带到了富饶的迦南地，但他自己却只能从远处眺望那块期待已久的土地，至死也未能亲临。

《摩西像》，米开朗琪罗（Miguel Ángel）最著名的雕塑之一

摩西的诞生

摩西出生时，埃及法老（可能是拉美西斯二世）下令杀死所有犹太奴隶的长子，从而阻止犹太部落进一步壮大。为了逃脱灭顶之灾，摩西的母亲将仅仅三个月大的儿子藏在一个篮子里，放在尼罗河中顺流而下。碰巧，水流将孩子带到了法老王女儿的面前，善良的公主从河中救起了摩西，并将他当作自己的儿子抚养，取名"摩西"，意思是"从水里救出来"。

上帝的怒火 不比摩西小，尤其是当他看到以色列人在西奈山顶沉迷于异教徒的行径时。根据《圣经》记载，有些人在接近或触碰到守约之书的约柜时会突然死亡。

《摩西摔碎律法书》，作者：古斯塔夫·多雷（Gustave Doré）

《摩西十诫》

在前往应许之地的途中，以色列人在西奈山短暂停歇，摩西受到上帝的召唤，上山与上帝会面。他赤脚走在神圣的土地上，上帝被他的虔诚所感动，赐予他手书的十诫法版。摩西在第一次拿到十诫法版后，回到部族，竟然看到以色列人在膜拜一只象征上帝的金牛犊。于是，他愤然将上帝写下的法版摔碎。后来，上帝神圣的宽恕缓和了希伯来人摩西和上帝之间的盟约关系。在西奈山，上帝还赐予了他《律法》，而后发展为约束所有犹太人行为举止和宗教生活的命令和戒律。《律法》即《摩西五经》，是构成《希伯来圣经》第一部分的五本书籍。

亚伦（Aaron） 作为摩西的兄长，亚伦协助摩西率领以色列人走出埃及。当摩西上西奈山后，他暂时担任了族内的领袖。作为解放者的兄长，他并没有阻止犹太人沉迷于偶像崇拜，反而在他们要求下，制造了一个金牛犊当作神像。摩西为此对亚伦和他的族人勃然大怒。

解放者

摩西被法老王的女儿从尼罗河水里救出后，接受了非常正规的王室教育。根据《圣经》记载，有一天，他去看望自己的族人，并了解他们受奴役的情况。当看到一个埃及警卫殴打一个犹太奴隶时，摩西怒从心生，杀死了埃及警卫，将他的尸体埋在沙子里。后来，他不得不逃往西奈山寻求庇护。在那里，上帝将解放犹太奴隶的任务交给了他。

◆《摩西的发现》，作者：彼得罗·利比里（Pietro Liberi）。

《摩西十诫》包含了犹太伦理学的基本概念 除了"不杀""不偷"或"尊重父母"，十诫还宣扬："我是你的主人，你的上帝，我将你从埃及的奴仆生活中解救出来。除了我，你不会崇拜其他圣人"。由此可知，对希伯来人而言，信仰的力量与解放的壮举交织在了一起。

四十年　摩西预判刚刚解禁出来的人们无法到达并接管应许之地。因此，他决定让族人在旷野中徘徊，直到新一代诞生。如此一来，所谓的"旷野一代"，包括摩西本人，将不会到达应许之地。

从西奈出发　犹太人的迁徙路线一路向北，他们穿过了哈洗录和旬迦别，生存状况日益恶化。有些犹太人开始抱怨和责备摩西："你为什么把我们带到这里？想把我们渴死和饿死吗？"这时，从天堂落下了一种神奇的食物。根据犹太传说，那是一种让每个人都无法抗拒的甜蜜甘露。

出埃及记

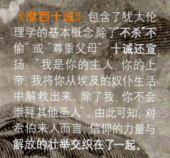

击石出水

在曷勒布山，受到神灵的指引，摩西要用竿子撞击岩石，一次性凿开水渠，消除人们的饥渴。然而，在族人的恐愚下，摩西不堪重负，两次触壁。上帝责备他不讲诚信，作为惩罚，他将无法进入"应许之地"。

约柜

在恢复迁徙之前，摩西下令建造了会幕和约柜，用于存放十诫法版。这个神圣的法典将由利未人，即利未支派的后裔，守护和供奉。后来，装有法版的约柜一直存放在耶路撒冷圣殿中。

红海

当摩西带领犹太人从埃及逃走时，法老的军队在其后穷追不舍。摩西将红海（即希伯来语中的"芦苇海"）一分为二，让人们顺利到达彼岸。当法老的军队赶到红海时，水域竟然再次闭合。解放后的犹太人，将其称为历史奇迹。

以色列国王

进入应许之地需要穿越约旦河，而摩西却提前死于河岸对面的尼波山。为了避免出现任何形式的"个人崇拜"，没人知道他被葬在了哪里。约书亚·本·嫩（Josué bin Nun）是摩西的继任者。当时，士师负责管理新的国家，直到撒母耳（Samuel）士师任职后，以色列人才进入王国时期。扫罗（Saúl）是首任君王，随后执政权交给了大卫，他将耶路撒冷设为首都。大卫死后，由其子所罗门继承王位，最后一位君主建造了存放十诫法版约柜的圣殿。◆

《撒母耳挑战扫罗》，佚名雕刻

撒母耳和扫罗

在前 11 世纪后期，扫罗被选定为以色列的第一任国王。撒母耳士师老迈年高时，众人万般恳求他任命一位国王，将人们从腓力斯丁人的侵略中解救出来。尽管撒母耳认为，上帝应该是以色列的唯一主宰，但他还是询问了耶和华并膏立便雅悯支派的后裔扫罗为王。扫罗身形高大，是个能力出众的勇者，在以色列声望极高。他在位期间，组建了一支强大的军队，在与亚扪人、摩押人和腓力斯丁人的作战中取得了一系列胜利。随后，他定居在其解放的城市吉甲立国。然而，随着时间的推移，扫罗日益骄傲自满，试图篡夺圣职。他的宗教犯罪行为激起了上帝的怒火，于是，差遣撒母耳秘密膏立大卫。

《大卫》，米开朗琪罗雕刻

大卫，诗人国王

当大卫刚刚来到扫罗王的宫廷时，他还是一位平平常常的牧羊人，却立志成为一位竖琴演奏家。在一次交战中，大卫击败了敌族腓力斯丁巨人歌利亚，一战成名。大卫仅用弹弓便战胜了敌军，少年英雄的威名震惊了所有希伯来人。从此以后，困扰人们许久的腓力斯丁敌军在很长一段时间内都不再对以色列构成威胁。受膏为国王后，大卫将耶路撒冷定为王国的首都，建立了统一而强盛的以色列王国。大卫还是一个多才多艺的诗人，他创造了基督教文学中最优美的诗歌。

约柜

自从希伯来人从埃及出逃后，四十年来，他们一直带着约柜，最终，进入了应许之地。约柜被安放在耶路撒冷，成了以色列人与上帝之间契约的象征。为此，所罗门王特意建造了著名的犹太教圣殿，由利未支派的后裔负责守卫约柜。

❖ 《约柜》的细节图，作者：洛伦佐·吉贝蒂（Lorenzo Ghiberti）。

以色列国王所罗门的画像

所罗门王

大卫的儿子所罗门在 970 年被膏立为以色列国王，他的主要成就之一就是建造了耶路撒冷圣殿。在青年时期，他编写了人类最伟大的爱情诗歌之一——《雅歌》（希伯来语为 Shir ha shirim）。这本书以爱为题，预示着基督与教会的关系。该书的第一本西班牙语译本是由弗雷·路易斯·德·莱昂（Fray Luis de León）在宗教裁判所服刑的 4 年中完成的。所罗门在其晚年所著的《传道书》（Eclesiastés）中抒发了无尽的悲观情绪和空虚。两本书都成了《希伯来圣经》的一部分。

失踪的以色列十支派

前 587 年，新巴比伦王国第二任君主尼布甲尼撒二世（Nabucodonosor II）占领了耶路撒冷，所罗门圣殿被摧毁，大量的希伯来人被驱逐到了巴比伦。犹太人将其视为第一批流浪者。传说中有十个希伯来部落从未归来，他们消失在神秘石头河桑巴提安（Sambathión）的另一侧。

❖ 记录希伯来人从以色列流亡到巴比伦的石头浮雕。

尼布甲尼撒在耶路撒冷

新巴比伦国王那波帕拉萨尔（Nabopolasar）的儿子尼布甲尼撒二世于前 605 年至前 562 年在位。他在卡尔凯美什战役中击败了埃及人和亚述人，征服了迦南，占领了耶路撒冷，并将其完全摧毁。根据《但以理书》（Daniel）和《以斯帖记》（Ester）的解释，前 587 年至前 538 年，大量希伯来人被掳去巴比伦。前538 年，波斯国王居鲁士大帝（Ciro el Grande）征服了巴比伦，并允许希伯来人返回迦南。这样做很可能是为了与当时不断壮大的埃及力量形成"对峙状态"。居鲁士大帝让耶路撒冷处于半自治状态。希伯来人重建了耶路撒冷圣殿，并设法建起一座半独立的堡垒，直到罗马帝国时代，他们被再次驱逐出境。

❖ 尼布甲尼撒在耶路撒冷的遗址，由一位佚名作者雕刻而成。

二次流散

　　79年至81年，提图斯（Tito Flavio Sabino Vespasiano）是罗马帝国弗拉维王朝的第二任皇帝，又被称为"提多王"，是韦帕芗皇帝的长子。在继任王位之前，他就是父亲的得力助手。在70年的犹太叛乱中，他领兵围攻耶路撒冷整整5个月，最终摧毁了圣殿，并将这座城市夷为平地。自此，提多王声名大噪。而再次被驱除出境的犹太人开始在北非等地流转，经由那里到达了西班牙。第二次流放（希伯来语为galut）之路遍及世界各地。直到今天，当谈及提图斯的名字时，传统的犹太人和所有曾遭受迫害的人都会说："愿他的名字被历史抹去。"

星期六的庆祝　罗马人采取的镇压措施包括禁止庆祝星期六，因为根据犹太教，这一天是"安息日"，应专门用于休息、祈祷和学习。

耸立在罗马的提图斯凯旋门

强力镇压

　　古罗马历史学家卡西乌斯·狄奥（Dión Casio）称，有58万犹太人被杀。此外，50个设防城市和985个村庄被夷为平地。当然，罗马人也因此遭受了巨大损失。哈德良（Adriano）试图从根源上摧毁犹太人的血统，但也引发了持续的叛乱。他禁止使用摩西律法、犹太历法，并谋杀了许多智者和学者。许多神圣的卷轴在朱庇特主神和他本人的雕像下被烧毁。在行政规划上，他取消了罗马的犹太省，将其与叙利亚巴勒斯坦的其他省份合并，并以犹太人的前敌腓力斯丁人的名字命名。最后，他下令驱逐所有犹太人。罗马人的掠夺场景生动地展现在提图斯凯旋门的雕塑中。

提图斯凯旋门的细节图

对圣殿的掠夺

希伯来人认为，耶路撒冷圣殿神圣不可侵犯，只有利未人被允许进入其中的某些区域，负责设施管理并主持宗教仪式。罗马军团进军耶路撒冷时，抢劫了圣殿中的物品。在提图斯凯旋门的一角（左图），我们可以看到，罗马人拿走了烛台和其他宗教物品。

《提图斯和韦帕芗的凯旋》，作者：
朱利奥·罗马诺（Giulio Romano）

巴尔·科赫巴（Bar Kojba）的反抗

132 年至 135 年，由巴尔·科赫巴领导的针对罗马帝国的反叛是犹太地区的第二次希伯来人大起义，也是最后一次犹太－罗马战争。罗马人征服耶路撒冷并彻底破坏圣殿后，犹太人的政治和宗教领导权交给了犹太公会。最初，公会总部设在亚夫尼市，但出于安全考虑，之后变更了公会地址。这场起义的原因有很多，但毫无疑问，导火索是哈德良决定在圣殿的遗址建造一座名为艾丽娅·卡皮托琳娜（Aelia Capitolina）的罗马堡垒，用于崇拜朱庇特主神。但是，罗马占领者的镇压措施是强有力的，仍留在原地的犹太人被从古老的应许之地驱逐出境。

弗拉维奥·约瑟夫斯（Flavio Josefo）是 1 世纪法利赛宗派的犹太历史学家，利未支派的后裔，本名约瑟夫·本·马太（Yosef bar Matitiahu）。在《犹太战争》（La guerra de los judíos）一书中，他用现代手法戏剧性地描述了罗马人对犹太地区的占领，以及随后的镇压行动。

埃波月 9 日　历史学家认为，巴尔·科赫巴起义是具有重大历史意义的事件。起义前，很多犹太人被屠杀、奴役或流放，禁止信奉犹太宗教，叛乱发生后，宗教生活的中心转移到了巴比伦，直到 4 世纪，君士坦丁一世（Constantino I）才允许犹太人根据犹太历法，在每年的埃波月 9 日回到耶路撒冷进行哀悼，瞻仰圣殿仅存的西墙。

朱迪亚（Judea）由名字"耶胡达"（Yehudah）改编而来，在希伯来语中指以色列南部和西岸大部分地区，而 Judea 和 Samaria 的组合——朱迪亚－撒马利亚区，则具体指耶路撒冷南部的约旦河西岸。朱迪亚这个名字来自"犹太人"一词。

流散各地　随着巴尔·科赫巴起义的失败，犹太人开始流散于世界各地，现今，几乎每个国家都可以找到犹太人，这种情况使他们在许多地方都成为少数族裔，常常引发其他族裔的排斥，普遍表现为各种形式的迫害、杀害、驱逐和歧视行为。

贝伦尼斯

在犹太大战期间，提图斯爱上了被罗马人囚禁的犹太国王希律·亚基帕一世（Herodes Agripa I）的女儿贝伦尼斯。提图斯将她带到罗马，但贵族们反对他们的婚姻。17 世纪，法国两位伟大的作家用各自的作品让他们的爱情在戏剧中化为永恒：皮埃尔·科尼耶（Pierre Corneille）的《提图斯和贝伦尼斯》（Tito y Berenice），以及让·拉辛（Jean Racine）的《贝伦尼斯》（Berenice）。

❖ 贝伦尼斯的罗马头像。

社会和日常生活

社会和日常生活

遥远的吾珥时光

和许多其他著作一样，《圣经》也是我们了解族长及其后代日常生活的重要来源。正如埃里希·奥尔巴赫（Erich Auerbach，1892—1957）在其优秀作品《摹仿论》（Mimesis）中指出的：与充满了象征主义和隐喻描述的《新约》不同，《希伯来圣经》（《塔纳赫》）以鲜明的现实主义闻名于世，不断向读者展现最直接和具体的现实。

❖《塔木德》（Talmud）是犹太教法典，除了大量神学和哲学论断，以及丰富的故事和轶事，还记录了犹太人的行为规范（下图是18世纪的意大利版《塔木德》）。

很显然，《希伯来圣经》的这种现实主义风格与整个犹太教的宗教观念有关。犹太教的观念一直将如何解决人类经历的具体问题放在首位，同时也没有忽视道德和精神层面的问题。令人惊奇的是，它所倡导的精神追求穿越了千年的风云变幻，一直延续到了今时今日。

被太阳晒干的砖石

尽管《圣经》明确地指出，吾珥是亚伯拉罕的出生地（《创世记》，11：28—31和15：7），但在前250年至前150年，由72名亚历山大圣贤翻译成希腊文的《七十士译本》（Biblia Septuaginta）却从未提及吾珥市，而称之为"来自吾珥的土地"。在那个地区，建筑由晒干的砖石建造而成。当房屋由于天气、雨水的侵蚀或战争破坏而倒塌时，居民就会将瓦砾夷为平地，并在同一地点建造新的房屋。因此，人们居住地的地势就越来越高。

到了族长亚伯拉罕时代，吾珥市已升至河水水面25米以上，并向四周扩散，将众多邻近的小村庄变成了郊区。考古学家们推算，当时的人口约为50万。

吾珥市一侧是河流，另一侧是可通航的大运河，这座城市可谓防守严密。城中建筑呈简单的直线分布，矗立在迷宫般的狭窄小巷间。亚伯拉罕父亲他拉的房子和其他人家一样，也穿过街道，来到一座建筑庭院的木门前，木门的铰链勾绊在石质齿槽的枢轴上。迈过门槛，再下几级台阶或小心翼翼地走下小坡。由于当时人们习惯性地将垃圾堆放在街道上，因此，外街往往要比住宅的地面高一些。

正如阿尔伯特·贝利（Albert E.Bailey，1871—1951）在《圣经时代的日常生活》（La vida cotidiana en los tiempos biblicos）中所述，进入房屋后可以到达小前厅，在那里可以洗手、洗脚，再往里走，便是一个由石块铺成的中央庭院，四周分为两层，设置了10或12个房间。庭院的某一侧（通常在右侧）配有通往二楼的楼梯。楼梯后面是一间浴室，里面有厕所和水槽。近处的另一个房间是厨房，配备了炉灶和几个石钵。其他房间供客人、仆人居住或另作他用。

❖ **巴黎犹太教堂**不仅涉及各种宗教、社会和文化事务，而且，一直以来，它也是犹太居民重要的生活中心之一。

❖ **先知**是希伯来人中最杰出的预言家。上图为以赛亚（Isaías），绘图：弗雷·巴托洛梅（Fray Bartolomé）。

主人一家住在凉爽、通风的二楼。楼上四面墙壁都被建造成了木制的画廊，连接着所有的房间。屋内由柱子支撑，并通过朝向室内的全覆盖或半覆盖式屋顶保护房屋免受阳光和雨水的侵蚀。

在底楼的某处有一个圣所，他拉在那里放置了一系列自制的神像。据《圣经》记载，制作神像是他的收入来源之一。在圣所的内部设立了一个木制祭坛，上面是众神和祖先的画像。再往下，便是一个用砖砌成的拱形墓，黏土棺材中成殓了家中的死者。

在人们的意识中，这样做，死者仍是家庭的一部分，并且仍住在家中，转化为家人的保护神。

死者成为全家人必须敬拜的神。在《创世记》中（31：19和34—35），terafim用来表示死者，在希伯来语中，它既是"死者"，又是"偶像"或"神"的意思。尽管这个词本身就被赋予了异教神性的特征，但也与"不纯洁"联系在一起，因为崇拜祖先与亚伯拉罕所推崇的一神教信仰背道而驰。

着装

不仅《圣经》记录了亚伯拉罕和撒拉的穿着，陵墓、纪念碑、浮雕、印

希伯来人与大海

❖❖❖

希伯来人不是航海者。当亚伯拉罕进入迦南之地时，他更关心的是约旦河的通航能力，而非地中海的（希伯来语为 Iam HaTijón）。加利利海（西班牙语中的太巴列湖）上停靠着捕鱼船，却没有规划商业路线。死海（希伯来语为 Iam HaMelach）盛产盐和其他矿物。希伯来人与大海的关系和族内经历的奇异事件紧密相连。例如，以色列人匆忙逃离埃及时，红海（即西班牙语 Iam Suf）河道一分为二，而当法老军队到达后，河面又迅速恢复原状。《约伯记》（Libro de Job）中的故事也记载了海中的巨大恶魔利维坦（Leviatán），一个更倾向于象征意义的海洋怪物。

章和碑石也都是很好的证明。从考古发掘现场的情况看，尽管在坟墓中，衣物布料已完全破碎，但仍然可以看到用蜗牛壳或石头制成的外套纽扣、各种装饰品，以及用于固定衣服的铜针或银针。据此，我们可以判断，撒拉穿着一件简单的内衣，衣角从右臂下方穿过，并用铜针或银针别在左肩上。衣服的褶褶形成了非常舒适的袖子，上衣通过编织的腰带束

❖ 《摩西五经》构成了犹太民族的中心思想和希伯来文化的基础（左图为《希伯来圣经》的卷轴）。

在腰部。撒拉可能穿着颜色鲜艳的外套，极有可能是红色外套，宽大的袖子被贝壳或石头纽扣固定在手腕处。

一切证据都表明，撒拉应该留着长发，并用青铜发夹束起来。在特殊的场合，也可能梳着不同的发型。她所用的珠宝包括耳环、项链和头发上的黄金或半宝石饰品。当亚伯拉罕离开吾珥前往迦南时，撒拉很可能留下了她所有的特殊服装和饰品。但是，根据《创世记》（12：12-16）的记载，在埃及，当他们暂时回归城市生活时，法老王依旧被她的魅力所吸引。

同其他吾珥居民一样，亚伯拉罕必须穿着短上衣，领口处敞开，胸前缝着一排纽扣。上衣具有收腰的效果，可以通过皮带进行调节，有时还装饰着贝壳环。皮带也可能被挂在脖子上，上面悬挂着一把刀、一块磨刀石和一个圆柱形的图章。

除了上衣，族长亚伯拉罕还会在肩膀上披着长袍。为了防止日晒，头上盖着布巾，并用丝带或头巾固定。

食物

从吾珥至上帝的应许之地，漫漫迁徙之路无疑改变了撒拉、亚伯拉罕及其随行人员的习惯和风俗。在吾珥，人们曾经以农舍附近的农作物为食，而在路途中最有可能杀戮随行的动物充饥，就像今天的贝都因人一样。

人们按照喜好和口味排序，主食为山羊奶、绵羊奶和骆驼奶。只要这些牲畜状态良好，这些食物便随处可得。从

法利赛人是谁

❖❖❖

法利赛人（源自希伯来语中的"parash"，意思是"分离"）是一个犹太宗派，一直存续至2世纪。该宗派的起源可以追溯到犹太人在巴比伦的囚禁时期（前587年至前536年）。还有些人认为法利赛人起源于波斯统治期间。在反抗叙利亚入侵者的马加比起义期间（前167年至前165年），他们遭受了严重的迫害。人们相信灵魂的永生，恶人将终生遭受刑罚，正义使者会复活。他们提倡严格遵守犹太教口传律法《哈拉卡》（Halajá），后该法典被编成《塔木德》。撒都该人（犹太教的一个派别）否认口头法律的效力，并要求更新宗教戒律，因而遭到了法利赛人的强烈抵制。他们的顽固和执着受到耶稣的谴责，指责他们执拗于语言的描述，而没有尊重法律精神（《马太福音》，23：2-4）。

《圣经》中我们了解到，亚伯拉罕会在帐篷中用乳酪、牛奶和牛犊肉招待客人（《创世记》，18：7-8）。在重大场合，亚伯拉罕和他的族人则食用牛肉、羊肉（《创世记》，27：8-9）和各类野味（《创世记》25：28）。烹制方式包括清水煮沸、炭火烧烤或在炖菜中焖制。食物在烹制过程中不会更换容器。一些路边常见的土壤作物，如生

❖ 但以理的寓言。但以理是基督徒，而非犹太人的先知。《圣经》中记载，但以理是四大先知之一，在波斯王国统治下的巴比伦，他被居鲁士扔进了狮子的巢穴，结果却安然归来。他的事迹证实了上帝的保护可以让他免受猛兽之灾（下图为一幅佚名画作）。

❖ **犹太复国主义运动**彰显着犹太的民族主义，归属于 20 世纪出现的民族运动框架（下图：犹太复国主义卫生组织中的妇女）。

长在潮湿绿洲中的枣子，或在岩石缝隙中渗出的蜂蜜，不需要任何特殊的加工即可直接食用。

当亚伯拉罕和撒拉到达迦南之地时，他们享受了更丰富的菜品。在埃及的宫廷记录中，法老塞索斯特利斯一世（Sesostris I，约前1970年至前1938年在位）对巴勒斯坦有这样的描述："那里有无花果和葡萄，酒比水还多，蜂蜜很多，橄榄油充沛。各式各样的水果都挂在树上。小麦和大麦连年丰收。"

经由以色列人保留或复原的希伯来语地名象征着自然赐予的领土：卡梅洛（Carmelo）意为"葡萄园"；贝斯·凯雷姆（Beith Kerem）意为"葡萄屋"；贝斯·哈根（Beith HaGan）意为"花园之屋"；艾因·加尼姆（Ein Ganim）意为"花园的春天"；纳贾尔·埃什科尔（Najal Eshkol）意为"葡萄谷"；哈尔·哈泽蒂姆（Har HaZeitim）意为"橄榄山"……

田园生活

牧羊工作由男人承担，完成这项任务需要很高的技巧和勇气（《创世记》，31：38-40；33：13-14）。通常情况，牧羊人带领羊群前进，但如果羊群数量过多，牧羊人和牧羊狗就会跟在羊群后面，控制羊群的行进速度（《约伯记》，30：1）。有时，不同牧羊人的羊群会混在一起放牧（《创世记》，29：2-11）。到了晚上，羊群就会被关在不同的洞穴或畜栏里。围栏是一个由两三米高的树枝和石墙堆砌而成的封闭空间，用于防范小偷和野兽袭击。为了避免出问题，还安排了警卫人员轮班看守。篝火、圣歌和故事会，伴随着长笛和打击乐（《士师记》，5：12），人们在消遣中度过整个夜晚。清晨，所有牧羊人重新起身，按部就班地赶着自己的羊群继续前行。

牧羊人的基本工具是木杖或手杖，通常由一根橡木树枝和一个拳头大小甚至更大的绳结组成。羊群经过荆棘丛时会被钩下些许羊毛。牧羊人便将其拾起来，制成随身携带的羊毛弹弓。有了这个弹弓，牧羊人就可以阻止羊群过于分散，向走错方向的羊面前射出一块小石头。牧羊人还会用弹弓恐吓或杀死猎物（《撒母耳记上》，Samuel I，17：34-35）。因此，牧羊人自然而然地成了出色的神射手（《士师记》，20：16）。传奇牧羊人大卫射杀腓力斯丁经验老到的领袖歌利亚，就鲜活地证明了这一点。

闪族、希伯来人、犹太人还是以色列人

尽管对犹太人的仇恨被称为"反闪族主义",但事实上,这是一种概括性的描述,因为希伯来人不是闪族的唯一种族。例如,阿拉伯人也是闪族的一分子。按照《圣经》的传统记述,犹太教的起源可以追溯到亚伯拉罕——第一个希伯来人。"希伯来人"一词源自希伯来语"ivrí",意为"来自另一端的人"。这是因为亚伯拉罕领导的闪族部落是从"另一端"美索不达米亚地区迁移过来的,并定居在了迦南地。这一将犹太人定义为希伯来人的事件发生在约4 000年前。但是,希伯来人也被称为"以色列的后裔"或"以色列人"(《出埃及记》,1:1-7)。

因为与天使对峙,亚伯拉罕的孙子雅各被天使赐名"以色列"。天使因雅各的坚韧和毅力赐福于他,称他为"以色列",在希伯来语中意为"与上帝搏斗的人"(《创世记》,32:24-28)。

"犹太人"一词后来才单独出现(《以斯帖记》,2:5),起源于犹大支派(希伯来语为 Yehudá,是雅各12个儿子之一)。随后,希伯来人的国家分裂为以色列和犹大两个王国。前722年,亚述摧毁了以色列王国,另外10个部落又被外邦人同化。于是,仅剩下犹大支派(《列王记下》,Reyes Ⅱ,17:18)。从此,"犹太人"一词便成了所有希伯来人的标签。

❖ **雅各与天使之战** (上图,古斯塔夫·多雷雕刻作品中的场景),至此,雅各的祖先也被称为"以色列"。

《摩西五经》

　　在希伯来语中，"Torá"的意思是"教学""指令"，更具体地说就是"法律"。从最广泛的意义上讲，这个词用于表示以色列人生活的全部神圣启示和教导。从更严格的意义上说，它仅指《圣经》的前五本书：《创世记》《出埃及记》《利未记》（Levítico）、《民数记》（Números）和《申命记》（Deuteronomio），希伯来语分别是Bereshit、Shemot、Vayikrá、Bamidbar和Devarim，它们构成了所谓的《摩西五经》（Pentateuch源自希腊文：penta＝五，teucoi＝份）。《摩西五经》成为犹太宗教所有故事、法律和命令的重要来源。◆

《摩西五经》的卷轴，于布达佩斯的犹太博物馆展出

一本圣书

　　根据希伯来人的传统认知，《摩西五经》是由摩西在西奈山上得到神的启示而撰写的。尽管作者在细节上的处理有所不同，但犹太教的正统学说坚持认为，整部《摩西五经》直接来自上天的灵感，文本中的所有细节（从词汇到标点符号）都是神圣且意义重大的。根据这种观念，对文本的任意修改都是对原创意的不敬和侵犯。因此，祷告中使用的卷轴文字必须遵守极其严格的书写规则，由能人巧匠专门负责抄写。

描绘《摩西五经》抄写员的雕塑

一个字母，一个世界

　　对于更多的传统主义者来说，上帝的名字是未知的。但是，它却被撰写在《摩西五经》的神圣文本中，发掘并找到它，便可以接触到全能神。在中世纪，寻找神的名字成为卡巴拉主义学说鼓舞人心的任务之一，在希伯来语中，"卡巴拉"一词意味着"传统"。这种解释启发了无数的神话与传说，并催生了飞速发展的哲学和文学。

　　《希伯来圣经》由《摩西五经》《先知书》（Profetas）和《圣文集》（Escritos）组成，后两者在希伯来语中分别称为Nevi'im和Ketuvim。以这三部分的首字母为始，整个《希伯来圣经》被称为《塔纳赫》。

指物棒　当虔诚的犹太人阅读《摩西五经》时，他们不会像通常那样用手随意地指着经文，而是会利用所谓的"指物棒"（yad，在希伯来语中意为"手"）。它像一支笔，末端是伸出手指的小手。

犹太烛台　是一个由七支蜡烛簇拥着的灯柱（在希伯来语中为 menorah）。犹太人围着烛光，在周六祷告、念经并履行宗教义务。烛台是犹太教最具象征意义的物件之一。

大卫王之星　六角星是犹太教的另一个标志。大卫王之星在希伯来语中的意思是"大卫之盾"，因为它的起源与耶路撒冷首都的创始人大卫王所用的盾牌相关。

圣柜　将《摩西五经》卷起来，存放在鞘一般的器具里，放置于 Arón Hakodesh 中，希伯来语意为"神圣的宝箱"，特指所有犹太教堂中都配备的一个壁橱。它可以根据某些规定在祈祷期间打开和关闭。在发生紧急情况时，要做的第一件事就是保护《摩西五经》的安全。

故事集　《摩西五经》分为多个篇章和小节。《希伯来圣经》中许多段落的内容都是重复的，只是呈现不同的形态和风格，这说明相互重复的不同经文是在不同时期撰写的。

《亚当和夏娃》，威廉·斯特朗（William Strang）的绘画

创作

　　《摩西五经》的开篇就是《创世记》，其中讲到了神在六天内创造的世界。"到了第七天，他休息了。"按一周的时间顺序，神的停顿彰显了周六安息日的圣洁。《创世记》的巅峰是创造了人类神话始祖亚当和夏娃。创造、启示和救赎是所有宗教思想的核心精神。然而，根据以色列历史学家格尔绍姆·绍勒姆（Gershom Sholem，1897—1982）的说法，在救赎之前，传统的犹太教义增加了第四个阶段：希伯来语为 tikun，意为"更正"或"修缮"，人类应"纠正"并"修复"世界。没有这个过程，救赎将无法实现。

《先知书》

　　《希伯来圣经》的第二部分，《先知书》（希伯来语为Nevihim）分为大、小先知书。前者包含《以赛亚书》（Isaias）、《以西结书》(Ezequiel)、《耶利米书》(Jeremías)和《但以理书》。后者则包含《何西阿书》（Oseas）、《约珥书》(Joel)、《阿摩司书》(Amós)、《俄巴底亚书》(Abadías)、《约拿书》(Jonás)、《弥迦书》(Miqueas)、《那鸿书》(Nahum)、《哈巴谷书》(Habacuc)、《西番雅书》(Sofonías)、《哈该书》(Hageo)、《撒迦利亚书》(Zacarías)和《玛拉基书》(Malaquías)。按照传统的认知，上帝通过希伯来先知之口传递消息。除了这一肯定的判断，实际上，先知们还强烈谴责着当权者，他们是叛逆的人物，维护着社会救赎。◆

《先知以赛亚》，由乔瓦尼·巴蒂斯塔·提埃波罗
(Giovanni Battista Tiépolo) 绘制的壁画

《以赛亚书》

　　《以赛亚书》中人物的名称与经过证实的历史人物名称相对应。以赛亚是先知亚摩斯（Amós）的儿子，生于前765年。以赛亚受其父亲亚摩斯和先知何西阿的影响很深，他生活的时代社会环境已十分恶劣：一个由新兴有钱人（土地所有者）组成的强大社会阶层已经形成，他们的土地扩张对小农阶层造成了严重的危害。这种寡头阶级的建立源于犹大国王约坦（Yotam）和以色列国王耶罗波安二世（Jerboam II）统治期间形成的商业繁荣。

全体救赎　在这本书的最后一部分以赛亚解释说，出于领导人的责任，救赎需要花费一定时间才能实现，但他保证，耶路撒冷，尤其是锡安山，将成为所有国家和人类的融合点。

但以理在狮子中间，柱头雕刻

《但以理书》

　　该书的第一部分回顾了先知但以理的故事。前6世纪，他和希伯来人一起被流放到巴比伦。书中讲述了但以理对上帝的忠贞，以及对巴比伦国王尼布甲尼撒二世命令的抗争。该书的第二部分提到了在巴勒斯坦发生的事情，当托勒密王朝和塞琉古王朝争夺领土时，安条克四世（Antíoco IV Epífanes）试图镇压耶路撒冷的犹太教派，并用希腊化的教派取而代之，而这引起了马加比起义。

一只手　值得注意的是，当以西结唤醒自己的先知使命时，他认可了必须向世人传达的信息：他伸出一只手，指向书本，上面写着他应该讲述的内容。对他来说，受罪是因为对上帝圣洁的冒犯和违背了神圣的秩序。"屠杀无辜"就是犯罪的一个例子。

先知耶利米的雕塑形象

耶利米

耶利米（前 650— 前 585）在约西亚（Josías）统治的第 13 年开始讲述预言。他用预言挑战犹大王国的君主约雅敬（Joaquim）和西底家（Sedecías），并宣布上帝会对盛行的暴力和社会腐败进行惩罚。他呼吁释放奴隶，以示圣洁。起初，他的主张被接受了，但后来，国王们又重新奴役了他们释放的奴隶。对此，先知认为犹大王国、西底家和耶路撒冷的命运被彻底封印了。

四十年 篇幅长而复杂的《以赛亚书》不可能是一口气写出来的。专家认为，这本书用了很多年的时间撰写。实际上，以赛亚以先知的身份活跃了不少于四十年。

《小先知书》

约珥属于世界末日派系。他认为，犹太人民将经历巨大的衰落，随后被救世主救赎（左图，米开朗琪罗壁画中的约珥）。

撒迦利亚的传教触动了犹大国王、以色列国王和富裕家庭的利益，这使得他被判处死刑（左图，撒迦利亚被砸死，佚名壁画）。

《神秘轮（以西结的异象）》，作者：弗拉·安吉利科（Fra Angelico）

《神秘轮（以西结的异象）》

根据《圣经》记载，以西结是希伯来的先知，被犹大和以色列的国王放逐巴比伦。他预言并警告耶路撒冷即将遭遇毁灭，以色列大战在即。耶和华把先知当做危险来临时发出警报的哨兵。以西结责怪全体人民没有团结起来反抗统治者，便回到了上帝的面前。他还指控圣殿的守护者利未人，在各种的不公正和道德败坏中，没能完成上帝赋予的使命。

在塞法迪的土地上

至少自中世纪以来，希伯来语中就曾用"塞法迪"（Sefarad）一词称呼西班牙。塞法迪人是指居住在西班牙和葡萄牙的犹太后裔。15世纪时，他们被天主教双王驱逐出境。《圣经》（《俄巴底亚书》，20）中将其称为"由耶路撒冷被驱逐到塞法迪的人"。但事实是，1世纪时，当他们被罗马人逐出巴勒斯坦后，族人四散于北非各地，越过直布罗陀海峡，到达了西班牙。随着大量的阿拉伯人到达伊比利亚半岛，他们构成了一个日益壮大的族群。

1492 年，犹太人被驱逐出西班牙

被驱逐出西班牙

在伊斯兰政府领导的伊比利亚半岛上，由于犹太人和基督徒都信奉《圣经》，被视为"书中的兄弟"，希伯来人享有完全的自由，在经济、政治和文化方面均具有举足轻重的地位。相反，在半岛的基督教王国中，自西哥特时代以来便存在的反犹太主义思想和迫害愈演愈烈，大肆宣扬各种"黑人传说"，包括"堕落的人""上帝的杀手""阿拉伯入侵西班牙的罪人"。1492 年，天主教双王占领格拉纳达，使基督教"重新征服"了西班牙，还颁布了将犹太人驱逐出西班牙的法令。

驱前的运动 在 1492 年犹太人被驱逐之前，发生了种族大屠杀，尤其是在安达卢西亚，犹太人被认为是痛苦和厄运的象征，较低级的神职人员有意煽动群众仇视犹太人。

迈蒙尼德（Maimónides）的雕像，科多巴，西班牙

迈蒙尼德

摩西·本·迈蒙（Moisés ben Maimon，1135—1204）也被称为迈蒙尼德（意为"迈蒙之子"）或 Rambam（希伯来语名字），是中世纪最著名的犹太医生、教士、哲学家和神学家。他于 1190 年撰写的《困惑者指南》（Guía de perplejos）汇集了其哲学思想的精髓，在犹太人和基督教徒中，特别是在学者群体，产生了深远的影响。书中，他试图以犹太教和亚里士多德主义的教义调和信仰与理性。也就是说，当《圣经》中的教义和现实的合理性难以匹配时，可以诉诸寓言性的解释。

罗马皇帝韦帕芗，19 世纪的雕塑作品

卡希姆女王

　　希伯来人在耶路撒冷圣殿被摧毁和被罗马皇帝韦帕芗驱逐巴勒斯坦之后，便散居在北非各地，形成了多个游牧社区，或从事与地中海盆地密切相关的贸易。在今天的阿尔及利亚，他们成立了一个由犹太女王卡希姆领导的柏柏尔王国，抵抗伊斯兰势力的入侵。最终，他们被伊斯兰教将军塔里克·伊本·齐亚德（Táriq ibn Ziyad）击败并同化，最后共同渡过直布罗陀海峡并定居在伊比利亚半岛。

"异端之锤"　当年的西班牙编年史家塞巴斯蒂安·德·奥尔梅多（Sebastián de Olmedo）称托克马达为"异端之锤，西班牙之光，国家的救星，多明我会的荣耀"。托克马达的名字与西班牙宗教裁判所紧密地联系在一起，变成了残酷、阴险和为宗教事业狂热付出的典范。

天主教双王　卡斯蒂利亚女王伊莎贝尔（Isabel）和阿拉贡国王费尔南多（Fernando）的联姻决定了西班牙的前途与命运。天主教双王收获了"重新征服"的最后胜利，结束了统治半岛长达 8 个世纪的阿拉伯时代，并驱逐了残存的犹太人部落。西班牙成为天主教会的堡垒，终结了以往丰富的文化多样性。

血液纯度　所谓的"新基督徒"，即被迫改宗的受害者们，一旦被怀疑私下参与犹太宗教的活动，其家庭背景将接受彻底的审查，随后就会遭受酷刑，而被迫"认罪"。

托马斯·德·托克马达（Tomás De Torquemada 1420-1498）在 1482 年被天主教双王任命为宗教法庭庭长。1485 年，因"异端的犹太人"审判官佩德罗·德·阿布斯（Pedro de Arbués）被谋杀，他在西班牙的权力得以扩张。1491 年，在发生"拉瓜迪亚圣婴事件"之后，他将其归咎于犹太人的宗教阴谋，托克马达以此为借口颁布了驱逐令，将犹太人大规模逐出西班牙。

宗教法庭

　　类似于在 20 世纪中叶的纳粹主义，宗教法庭调查了西班牙人的个人生活状态。任何 12 岁以上的女孩和 14 岁以上的男孩都可能被质询，尤其是异教徒，即不崇尚天主教信仰，或为逃避迫害而被迫皈依天主教的人。为防止异教的蔓延，托克马达下令，焚烧所有犹太人和阿拉伯人的图书馆。宗教法庭的第一位历史学家胡安·安东尼奥·洛伦特（Juan Antonio Llorente, 1756-1823）指出，在托克马达任职期间，超过 10 000 人被烧死在所谓的"信仰行动"中。

❖ 记录宗教裁判所施加酷刑的绘画作品。

新一轮流散

  1492年，许多从西班牙被驱逐出境的犹太人前往葡萄牙，并承诺不在葡萄牙参与宗教活动。一年半后，迫于天主教会的压力，他们再次被驱逐出了葡萄牙王国。这些犹太人多数定居在中欧和北欧，特别是欧洲的民主先驱国——荷兰。◆

葡萄牙 在开始新一轮流放前，许多从西班牙被驱逐出境的犹太人去了葡萄牙，选择加入"卢西塔尼亚帝国"的殖民之旅。一些巴西的地名可以为证，例如，费尔南多·德·诺罗尼亚岛 (Fernando De Noronha)，1530年，在同名葡萄牙贵族的资助下，一位名叫阿麦里克的航海家抵达该岛，并代表葡萄牙国王对其进行了殖民征服。

依地语 在如今的波兰加利西亚地区定居着许多来自日耳曼地区的犹太人。他们带来了犹太德语——依地语，这是希伯来语和撒克逊语相互融合产生的一种语言，类似于古代的高地德语，并在此基础上丰富了词汇。

《耶稣割礼》，作者：费德里科·巴罗奇 (Federico Barocci)

越过比利牛斯山脉

  一部分塞法迪人定居在法国的巴约讷和圣让德吕兹地区，其他人则选择定居在汉萨同盟北部的城市，例如不来梅和汉堡。在法国，由于天主教在君主制政治中起着决定性作用，整个国家对犹太人的限制非常严格。直到1789年法国大革命后，生活在法国的犹太人才获得了公民身份。相比之下，在改革进程更为开放的北欧，反犹太教的观念和约束较少，宗教信仰自由，助力犹太人在经济和文化方面蓬勃发展。

在非洲北部

  在希伯来人和阿拉伯人进入西班牙之前，北非就存在着犹太群体，所以，当许多塞法迪犹太人回到北非时，他们受到了前同胞和伊斯兰国家当局的欢迎，从而建立了庞大的社区。

◆ 丹吉尔古老犹太公墓的图片。现如今，丹吉尔仍然拥有强大的犹太社区。

土耳其撒狄犹太会堂的废墟

在奥斯曼帝国

从远古时代开始，犹太人就生活在当今土耳其的各个地方。奥斯曼帝国张开双臂接纳从西班牙被驱逐出境的犹太人，让其不受任何限制地随意定居。借此机会，许多犹太人选择定居在祖先的故土——巴勒斯坦。耶路撒冷、萨法德和提比里亚，这些地方再次成为重要的犹太宗教中心，并与世界上其他的希伯来群体保持着密切联系。

撒狄古老的犹太会堂显示了希腊文化的鲜明烙印，如希腊罗马式的正立面和柱子。从犹太人被西班牙驱逐出境后，撒狄再次成为犹太人的聚居中心。

《光荣的石头》是荷兰艺术家伦勃朗 (Rembrandt) 创作的唯一一本插画书，画家为这部作品绘制了 4 幅插画。1636 年，伦勃朗还为他的作家朋友犹太拉比塞缪尔·梅纳西·本·伊斯雷尔 (Samuel Menasés ben Israel，1604–1657) 绘制了一幅自画像。在书中，拉比提到了先知但以理对巴比伦国王尼布甲尼撒二世的梦境解析，勾勒出以色列人流离应许之地、逃离耶路撒冷的故事。

柏林犹太教堂，在第二次世界大战后重建

德国

无论在哪里定居，犹太人都能够很好地融入当地社会，但是在德国纳粹的统治下，他们遭到了有史以来最残酷的迫害。日耳曼语同希伯来语的根源均可追溯到中世纪。依地语象征着犹太文化的鼎盛期，与德语有着非常紧密的联系，其中大部分单词虽然用希伯来语的形式拼写，但大多来自德语。犹太人非常热衷于参加德国的科学、文学、音乐和哲学活动。几个世纪以来，犹太人始终代表着德国在众多领域取得成就。

反犹太主义

尽管其他民族中也有闪族人，但反闪族主义被理解为：基于对犹太人的仇恨，在整个历史时期发生了大量杀戮、迫害、大规模驱逐犹太人的事件，并颁布了歧视犹太人的法律。中世纪，反犹太主义建立在宗教借口的基础上，例如，犹太人被指控为"杀害耶稣的民族"。到了19世纪，随着科学技术的繁荣，一些宗教论点被种族谬论所取代，犹太人被归为劣等种族。其中，最悲惨的案例就是第二次世界大战期间纳粹主义犯下的大屠杀罪行。◆

奥斯威辛集中营的侧视图

所谓的"杀手"罪名

虽然耶稣是犹太人，但在中世纪，天主教会指责犹太人是"杀害耶稣的民族"，即他们要对上帝之子耶稣的死负责。这项罪名和其他"黑色传说"—— 譬如用基督教徒孩童的鲜血制作逾越节的无酵饼，都刺激了非犹太民众与犹太人对抗，从而分散了他们与真正的压迫者——贵族之间的斗争。犹太人惨遭大屠杀，被大规模驱逐出西班牙和葡萄牙。直到1789年的法国大革命，犹太人的地位才实现合法化，其公民身份才得到承认。

德雷福斯事件

1894年，因为被指控向德国军队出售机密信息，法国陆军参谋部犹太裔的上尉军官阿尔弗雷德·德雷福斯（Alfred Dreyfus）被革职，并被流放到魔鬼岛。法国右翼势力乘机掀起反犹浪潮。作家爱弥尔·左拉（Émile Zola）开展了广泛的社会运动，谴责这一事件是粗暴的反犹太阴谋。直到1906年，德雷福斯才沉冤得雪。

◆ 在一本法国杂志的封面上，阿尔弗雷德·德雷福斯被流放。

犹太人居住区 封闭犹太人居住区并阻止他们与城市其他地方的人接触是中世纪开始实施的一项措施。在将犹太人遣送至死亡集中营前，纳粹政权做了同样的事。

1943年4月**华沙犹太社区**起义，反抗纳粹军队。起义持续了近一个月。义军不断进攻，德军难以取胜，最终选择轰炸整个居民区，直到将其夷为平地。很少有犹太人在轰炸中幸存。

犹太囚犯被囚禁在死亡集中营，还被当作小白鼠进行"科学"实验。纳粹医生"死亡天使"约瑟夫·门格勒（Josef Menguele）用受害者做了很多极其残酷的医学试验。

希特勒的《我的奋斗》(Mein Kampf)

纳粹主义

阿道夫·希特勒 (Adolf Hitler) 的征服之路是现代反犹太主义最典型的体现，在第二次世界大战期间，600 万犹太人被残忍杀害。基于错误的种族思想，他不仅导致了欧洲希伯来人族群几近灭绝，还使整个世界陷于战火之中。当反法西斯同盟消灭纳粹主义后，德国也化为一片废墟。

集中营　纳粹将犹太人从欧洲各地转运到集中营。在集中营里，训练有素的突击部队对犯人进行了长期的虐待和侵犯。

毒气室　纳粹主义盘算着"科学地"消灭犹太人。他们首先被当做奴隶，从事体力劳动，当无可压榨时，便被丢入毒气室。

其他少数民族　不仅犹太人遭受了集中营的残酷虐待，吉卜赛人等其他少数民族也受到了纳粹主义的严厉镇压。在集中营里，许多犯人都是政治敌人。

犹大的背叛

犹大以 30 枚银币出卖了耶稣，这是中世纪期间神职人员和贵族在反犹太运动中最常用的论点之一。在当时较为"宽容"的社会环境下，生活在基督教王国中的西班牙犹太人不得不穿上了他们自己的特色服装。

❖《最后的晚餐》(La última cena) 的细节，达·芬奇 (Leonardo da Vinci) 的杰作之一。

反犹太主义的世纪之争

俄语 pogromo 意为"彻底歼灭"，包括袭击犹太人社区。在当局的倡导下，这种起源于中世纪的行为在沙皇俄国变得很普遍。

宗教裁判所致力于迫害犹太人，甚至是那些已经皈依基督教的人。在所谓的"信仰行动"中，犹太人在公共广场上被活活烧死。

无尽的反犹太主义迫害促使犹太人参与了所有的民主斗争，如 1789 年的法国大革命，还有结束沙皇统治的 1917 年俄国革命。

犹太复国主义

　　经过了2 000年的流亡和被迫害，西奥多·赫茨尔（Theodor Herzl）在《犹太国》（El Estado Judío，1896）一书中提议建立犹太人自己的国家。这一提议在世界各地的希伯来人族群中引发了热议。纳粹主义造成的大屠杀（希伯来语Shoá）进一步激化了矛盾。赫茨尔的提议对应着古老的应许之地——巴勒斯坦。毕竟犹太人从1世纪开始散居海外以来，他们的祈祷语一直是"Leshaná Aaba'a Birushalaym"（明年在耶路撒冷）。在纳粹受害者的想象中，巴勒斯坦被视为"一块没有人民的土地"，"犹太人是一个没有土地的民族"，这一认识加速了犹太人向旧家园的移民进程。尽管1948年以色列建国，但悲惨的巴以冲突始终没有得到解决。◆

杰姆·魏茨曼（Jaim Weitzman）　以色列自独立以来，一直采用议会民主制，即总理和总统同时存在。杰姆·魏茨曼是首位总统，他是一位杰出的科学家，也是倡导《贝尔福宣言》（Declaración Balfour）的成员之一。在 1917 年，该宣言是英国政府表示赞同犹太人在巴勒斯坦建立"民族之家"的公开保证。

戴维·本·古里安（David Ben Gurion）　虽然联合国投票赞成将巴勒斯坦分为两个国家，一个是犹太国，另一个则是巴勒斯坦国，但是阿拉伯国家拒绝接受这一议案。1948 年，在以色列总理戴维·本·古里安宣布犹太国家独立时，爆发了第一次阿拉伯－以色列战争，成千上万的巴勒斯坦难民再次流离失所。

犹太复国主义之父赫茨尔的画像

西奥多·赫茨尔

　　赫茨尔出生于布达佩斯，是一名记者和作家，同时也是犹太领袖。作为通讯员，他参与了在巴黎针对阿尔弗雷德·德雷福斯的著名诉讼活动，以及埃米尔·佐拉领导的反犹太骗局运动。面对东欧的反犹太屠杀浪潮，他在 1896 年撰写了《犹太国》一书，书中，他塑造了犹太复国主义，以解决存在了 2 000 多年的矛盾冲突。在各国政府采取了众多的政治措施后，他促进了世界犹太复国主义组织的创立，并于 1897 年组织了第一届犹太复国主义者代表大会。1902 年，他发表了自己的著作《旧新国家》（Alteneuland）。书中，他将未来的犹太国设想为现代民主国家的乌托邦。

以色列国宣布独立的时刻

以色列国

　　阿拉伯人和犹太人的相互对抗，以及共同反对英国干预的独立斗争让巴勒斯坦局势动荡不安。联合国决议——建立以色列国得到了所有国家的普遍支持。最早承认以色列的是苏联，它通过捷克斯洛伐克向其调运了武器，以抵抗阿拉伯国家的侵略。多年后，冷战扭转了局势：以色列成了美国的坚定盟友，而阿拉伯国家与苏联同仇敌忾。国际地缘政治局势加剧了巴以冲突。

国家符号　起初，犹太复国主义的象征之一就是大卫之星。因此，六角星占据了以色列国旗的中心位置。犹太国家的徽章上则雕刻着传统的七烛台。

领地　1948 年，第二次世界大战结束后，各地战火频频，改变了联合国原本规划的以色列领土。1967 年，第三次中东战争引发了"占领区"的戏剧化争端，为巴勒斯坦国的建立设置了不少障碍。

女性开拓者

　　从阿利亚（"犹太人向以色列的移民"）的源头来看，妇女在建立新的犹太国家方面发挥了重要作用，她们与男性绝对平等地参与民事和军事任务。担任总理一职的工党武装人员戈尔达·梅尔（Golda Meir，1898-1987）就是一个例子。

❖ 世界犹太复国主义组织中的妇女在耶路撒冷哈达萨医院的成立大会上。

耶路撒冷　三大一神教宗教的神圣之地，被以色列政府宣布为犹太国家的首都。巴勒斯坦人还称其为未来国家的首都。所有和平提案都设定耶路撒冷为双方共有的首都。

阿以冲突　令以色列在建国之初即遭遇阴霾。原本在犹太人应许之地定居了几个世纪的巴勒斯坦人深受其害，突然间被迫流离失所，变成了难民。一些阿拉伯政权的政策对他们的迫害并不比以色列实施的危害要少。

"明年在耶路撒冷"

英国阻碍了犹太人向巴勒斯坦的大规模移民。哈加纳（Haganá）游击队组织是以色列国防军的前身，他们接受命令，秘密行动。

犹太复国主义的目标之一就是让犹太人重新从事农业劳作，建立集体农庄(kibutzim)。在此之前 2 000 年的时间里，犹太人被禁止从事这项劳作。

以色列国的建立结束了犹太人 2 000 年被迫害的历程，是世界上所有犹太人值得庆贺的一件大事。此后，犹太移民大量涌入巴勒斯坦地区。

神话与信仰

神话与信仰

上帝之名

《创世记》中的记载证实，上帝与亚伯拉罕在吾珥地区订立的盟约标志着第一个一神教宗教的开端。从那时起，随着历史的发展，一神教信仰便成了另外两个伟大宗教——基督教和伊斯兰教的思想基础。《圣经》中故事的叙述并不具有严格的史学意义或绝对的线性时间过程，而是带有鲜明的文学色彩，文字描述也更加复杂，充满了矛盾。

实际上，《圣经》的叙述，特别是《创世记》的叙述，仍然受到创作背景的约束。此外，《创世记》与《摩西五经》中的五本著作都代表着不同的写作类型，彰显着不同的作者身份，也对应不同的时代背景。

例如，针对《圣经》的研究发现，《希伯来圣经》里的历史故事受到了其他文献或资料的启发，并抄录了大段文字。其中，至少有两个篇章是基于《圣经》之前记载的口头传说："J"篇指耶和华材料，撰写于前950年至前850年之间的犹大地区；"E"篇指以罗欣材料，撰写于前750年的以法莲支派土地。另一份"D"篇指申命记材料，于前550年汇编，包含了《申命记》中出现的大部分信息；还有前450年左右编撰的"P"篇指祭司派材料，它解释了希伯来人制度的历史渊源，特别是那些与法律和圣职有关的制度。

不同的闪族人部落先是进入美索不达米亚地区，随后是苏美尔地区，特别是在吾珥地区定居。之后，他们又迁至迦南之地，带给当地居民一个信仰和神话的世界。将当地转变为一神教地区之后，闪族部落的影响力与日俱增。此外，影响亚伯拉罕及其本人信仰的许多戒律和仪式已深深融入族群血液之中。实际上，所谓的"真实信仰"与希伯来人回归古代的向往或当代异教残余相互抵制，整部《希伯来圣经》都在记述着双方的频繁斗争。与法利赛人的观念相斥，基督教诞生是耶稣为了证明犹太信仰的"真正使命"，特别是"爱邻舍如同自己"的信念。

古代神灵

当离开吾珥前往迦南之地时，许多亚伯拉罕的随行人员都带上了他们家中的神像，由此，增加了族长与其亲戚和仆人之间的紧张关系。随着氏族的不断壮大，各方之间的矛盾冲突也日益增加。例如，《创世记》（31:19，26-30）中记载，当氏族决定将拉班（Labán）手中的权力传给希伯来人雅各时，拉班因认定雅各盗走了自己的神像而承受了巨大的痛苦。正是出于这一事件的严肃性，《圣经》才对其做出了特殊的文字记载。

随着时间的流逝，《创世记》（35:1-5）中已明确指出，族长及其12个儿子的宗族已经逐步淡化了对神像的崇拜。但即使如此，严格的禁令也并不能完全革除希伯来人创立伊始便长期存在的宗教习俗。这种紧张的关系在《出埃及记》出现之前便已显现。在米迦勒圣所中，许多神像位于以法莲支派的高地（《士师记》，17:5），大卫在自己家中有一个真人大小的肖像（《撒母耳记上》，19:13-16），先知何西阿描述了神像如何在以色列人当中蔓延传播（《何西阿书》，3:4）。后来，随着埃及的影响力在迦南之地不断扩大，祖先崇拜被生育女神阿斯塔蒂（Astarté，希伯来名字为Ishtar）所取代。在巴勒斯坦领土的考古发掘中，经常能发现这位女神的小雕像。

❖ **受诫礼** 当犹太男孩（左图）长到13岁时，他们便会在犹太会堂举行受诫礼，标志着男孩已成为成年人。

❖ **约柜**　根据《圣经》记载，40 年来，犹太人在西奈沙漠中始终带着约柜 (上图，洛伦佐·吉贝蒂的浮雕)。

❖ 婚戒（上图），复刻出了所罗门王庙宇的样式。

不可言状的名字

尽管在父权时代，每个人的名字都具有神奇的寓意，但亚伯拉罕的神灵却没有名字。准确地说，命名与被命名人的身份有关。《圣经》中的故事记载，上帝是从他自己的话语中创造出来的："神说：'要有光！'于是，便有了光……"因此，"太初有道"。为所有生物命名的任务便由上帝委托给了亚当和夏娃，也就是说，将这项权力留在

摩西与应许之地

❖❖❖

摩西，希伯来语的名字为Moshé，意思是"从水里救出来"，他被称为希伯来人的解放者、领导人、立法者、先知和历史学家。《圣经》是了解他唯一的信息来源。根据《希伯来圣经》记载，摩西带领希伯来人逃离了埃及的奴隶制生活，并在西奈山从上帝手中领受了律法。虽然他接受使命带领犹太人从被奴役的埃及到达应许之地，但他自己却永远无法越过约旦进入应许之地。他的继任者约书亚·本·嫩和奴隶的后裔们完成了回归祖先土地的历史任务。据悉，摩西死于前1272年，并且《圣经》中提及他享年120岁。如今，"愿你活到120岁"仍然是犹太人之间常用的祝福话语。

了人类手中。而上帝永远不会有名字，也永远无法被人类命名和使用。对应《圣经》中的称呼，就会发现，神的名字变化多样。对拉班来说，神只是"亚伯拉罕神和他的祖先"（《创世记》，31：51−53）。对雅各来说，他是"父亲以撒所敬畏的神"（《创世记》，31:58；46：1；48，15−16）。即使雅各与天使搏斗后被命名为"以色列"，他也不知道神的名字（《创世记》，32:29）。约瑟夫与他的兄弟们谈论上帝时，称他为"你父亲的神"（《创世记》，43:23）。当灌木丛在摩西面前自燃时，在西奈山的顶部，上帝成了"亚伯拉罕、以撒和雅各的神"（《出埃及记》，3：6）。

卡巴拉"希伯来神秘哲学"

寻找神的名字，只能通过探究耶和华（Yavé）的四字神名得知，这是中世纪犹太卡巴拉主义者们特别关心的话题。发现神的名字意味着找到创造源泉的关键。许多卡巴拉主义者认为，神的名字隐藏在《塔纳赫》（《希伯来圣经》）之中。于是，他们一遍又一遍地阅读"书中之书"，试图寻找字母与字母之间建立的特殊关系。

❖ 祷告巾　在犹太教堂举行宗教仪式期间，尤其在礼拜堂拿出律书卷宗的时候，犹太男性会穿戴白色披巾（左图）。

其他卡巴拉主义者们则认为，经文的全部字母构成了上帝的名字。就像拉丁字母和罗马数字一样，希伯来字母也具有数字价值。因此，某些卡巴拉主义者开始着手进行复杂的数学计算来解密上帝的名字。

魔像

在中世纪的犹太民间传说中，魔像是用无生命的物质创造出一个有生命的个体，其形象代表着探索神秘上帝的创造力。魔像来源于希伯来语gelem，它的确切含义是"原始物质"。"魔像"一词也出现在《圣经》（《诗篇》，139：16）和《塔木德》当中，指的是正处于孕育过程中的一种未成形的物质。

大众普遍认为，关于魔像的起源可以追溯到中世纪，并且与炼金术和一些犹太神秘潮流有关。创造魔像是每一个潜心求学于上帝的卡巴拉主义者的追求。在卡巴拉主义者的想象中，魔像是用巫术灌注黏土的人偶，可以制成亚当之类的形象。通过虔诚的信仰和解密上帝的名字，能够为魔像注入神圣的火花，赐予它灵魂。

不管怎么说，魔像代表的是没有灵魂的躯体，因此，它无法说话。获得魔像被视为智慧和圣洁的最终象征，在整个中世纪，有关魔像与杰出拉比的传说比比皆是。

最有名的魔像传说是16世纪布拉格的拉比犹大·勒夫（Yehuda Loew）。相传，他曾制造魔像，保卫布拉格犹太人聚集区免受反犹太势力的袭击。正是由于社会现实的骚扰和反犹太迫害，才促使神学家不断地寻找魔像。在完成了秘密仪式后，拉比犹大·勒夫念诵了《圣

阿拉姆语

❖❖❖

阿拉姆语是一种闪族语言，已有大约3000年的历史。它的名字来源于希伯来语arami，意为"来自亚兰之地"，即来自美索不达米亚的希伯来语地名Aran Naaraim。《圣经》中的许多段落，例如，《但以理书》《以斯拉记》（Esdras）及《塔木德》都使用了这种原始语言。很可能这就是耶稣所说的语言，当今一些小种族依旧将其作为第一语言。前21世纪，这种语言的原始使用者阿拉姆人开始定居在如今的叙利亚、伊拉克和土耳其东部的领土上。在那里，他们将领土进一步扩大，占据了从地中海东岸到底格里斯河东岸的疆域。在犹太人和东方的一些基督教教堂中，阿拉姆语在礼拜语言和文学语言中仍占有一席之地。

❖《摩西五经》的卷宗(右图)被完好地存放于各个犹太教堂相应的约柜中。

❖ 在耶稣基督之前，**死海的卷宗**（下图为保留残卷的部分内容）是一个非常重要的《圣经》研究来源。

经》中一些特有的希伯来语经文，创造并召唤出魔像，赋予它生命。随着魔像的变大、变强，它也变得更加暴力，开始能够杀人并引起恐慌。反犹太人势力向拉比保证，如果魔像被摧毁，针对犹太人的杀戮也将停止。勒夫同意了这个交易。为了消灭魔像，犹大去除了刻在魔像额头上单词emet的第一个字母"e"（在希伯来语中意为"真相"），留下的希伯来语单词met意味着"死亡"，从而消灭了这个人造的生命体。

莉莉丝

在中世纪犹太人的想象中，另一位传奇人物也得以形成，她就是莉莉丝。根据某些文学传说，她是在夏娃之前亚当的第一任妻子。她如同恶魔一样，经常在夜晚将孩子强行绑在婴儿床上杀害。莉莉丝原本是美索不达米亚神话的夜之魔女，与苏美尔战争和性爱女神伊南娜（Inanna）有关。

《希伯来圣经》中唯一明确提到莉莉丝是在《以赛亚书》（34：14）中，上面写着："野猫会遇到鬣狗，而色狼会叫上它的同伴。莉莉丝正靠在那边休息。"

《创世记》（1：27）中记载了希伯来人将莉莉丝视为亚当第一任妻子的起源。在上帝抽出了亚当的一根肋骨，制造出夏娃之前，书中记载着："上帝照着他的形象创造了男人，照着夏娃的样子创造了女人。"实际上，《创世记》两次解释了人类的创造过程（第二次在《创世记》2：4-25）。总的来说，希伯来神话中，莉莉丝女巫的存在解释了犹太人在新生儿的脖子上佩戴护身符的原因：保护儿童免受莉莉丝与亚当生下的孩子——"儿童杀手"

莉莉姆（lilim）的迫害。护身符上面写有上帝派遣追回莉莉丝三位天使的名字。因此，在出生的前七天里，新生儿必须被一群念诵者包围，从而驱走莉莉丝和莉莉姆。第八天，男孩将被行割礼，才能永远摆脱所有恶魔的影响。

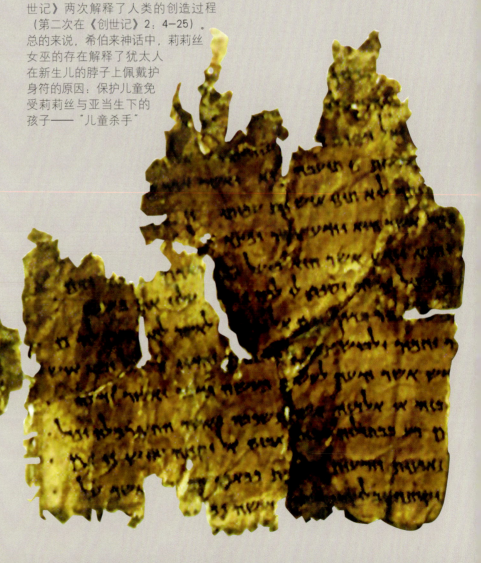

哈西德主义的弥赛亚崇拜

哈西德主义的创始人是号称"美名大师"的拉比以色列·本·以利撒（Israel Ben Eliezer，1700-1760）。哈西德主义是18世纪犹太教的一场神秘运动。在希伯来神秘哲学的影响下，它扎根于中欧和东欧最贫穷的犹太社区，强调了犹太人必须遵循的道德和礼仪律令——哈拉卡，并将其实现的希望寄托在与大众最为密切相关的拉比身上。为了应对持续不断的反犹太人迫害，哈西德主义重新点燃了弥赛亚救赎的仪式，其中，最直接的形式就是完成传奇的祈祷："明年在耶路撒冷。"从这个意义上说，哈西德主义是犹太复国主义的强大诱因之一。

信奉哈西德主义的人们在转向对《塔木德》的研究之余，将重心放在了发自内心的信仰之乐上。许多人认为，犹太人的生活太过"学术化"，反而脱离了灵性和生活乐趣。从这个意义上说，本·以利撒带领大家进行了一次真正的精神革命。他们反抗严格的律法主义，并与较富裕的社区相对抗，后者将犹太教徒的习俗与某种世袭血统联系在一起，以匹配更优越的社会地位。这些优越阶层被称为"米特纳吉迪派"（西班牙语中意为"反对者"），例如，立陶宛的犹太拉比维尔纳·加翁（Gaón de Vilna）动员了整个社区参与抗争。反对者通常将哈西德派称为"衣衫褴褛的教

派"。哈斯卡拉运动，即理性主义者或犹太启蒙运动的爆发压制住了这场犹太宗教内部的思想斗争。以现代和启蒙的名义，哈斯卡拉运动将哈西德派和米特纳吉迪派均归为蒙昧主义者。进入20世纪后，哈西德主义的弥赛亚传统仍对世界产生着巨大的影响，且与在俄罗斯和德国产生的马克思主义、社会主义运动息息相关。

瓦尔特·本雅明（Walter Benjamin）、马丁·布伯（Martin Buber）和格尔绍姆·绍勒姆等伟大的思想家就是这种现代潮流运动的代表。以同样的力量，哈西德主义的精神激发了20世纪伟大画家之一马克·夏卡尔（Marc Chagall）的诗意灵感。

❖ 《孤单》，作者：马克·夏卡尔（上图），重现了东欧的犹太文化——哈西德主义的摇篮。

耶路撒冷圣殿

对于崇尚宗教仪式的犹太教徒来说，耶路撒冷圣殿是传奇大卫城最明显的地标。圣殿毁于前70年提图斯皇帝治下罗马军队的践踏，仅存的哭墙也是第二圣殿护墙遗址。犹如续写一部毁灭性的传奇故事，第一圣殿于前586年被尼布甲尼撒二世的巴比伦军队夷为平地，第二圣殿在旧址上重建后，再次被毁。这座圣殿曾是所罗门国王构想出的最伟大作品，是正义与智慧的典范。在《圣经》中，充满了对其美丽和威严的赞誉。◆

所罗门国王对圣殿的再次创作，1705 年的佚名雕刻

神圣的空间

四十年的时间里，犹太人在沙漠中苦苦徘徊，寻找应许之地，以存放上帝在西奈山上交给摩西的律书。最终，在前 10 世纪，为了安置约柜，所罗门神殿应运而生。根据《圣经》中的描述，所罗门神殿是一栋又窄又长的建筑，以东西向为纵向。建筑物长 30 米，宽 10 米，高约为 10 米。祭司（希伯来语为 cohanim）或利未人可以通过镀金的大门进入殿内。

所罗门国王的画像，17 世纪的法国抄本

神殿建筑师

所罗门是大卫和拔示巴王妃（Betsabé）的次子。据《圣经》记载，先知拿单（Natán）告诉大卫，上帝已下令杀死他的长子，以惩罚大卫因看中拔示巴而将其丈夫乌利亚（Urías）派往战场战死的罪过。经过一周的祷告和禁食，大卫得知了长子死亡的消息，并安慰了已经怀上所罗门的拔示巴。所罗门在前 970 年继承了父亲的以色列王座。尽管大卫和其他妇女育有年纪更大的孩子，但是，在拔示巴和拿单的推荐下，大卫选择了所罗门继任王位。由于同父异母的兄弟亚多尼雅（Adonías）自称为王，促使所罗门在父亲去世之前便被确定为真正的王位继承人。

通往神殿的大门

高 10 米，宽 4 米，只有祭司能够通过大门进入殿内。门的后面是前厅（希伯来语为 ulam），随后是窗明几净的宫殿（希伯来语为 heijal）。

Tempel van Sal

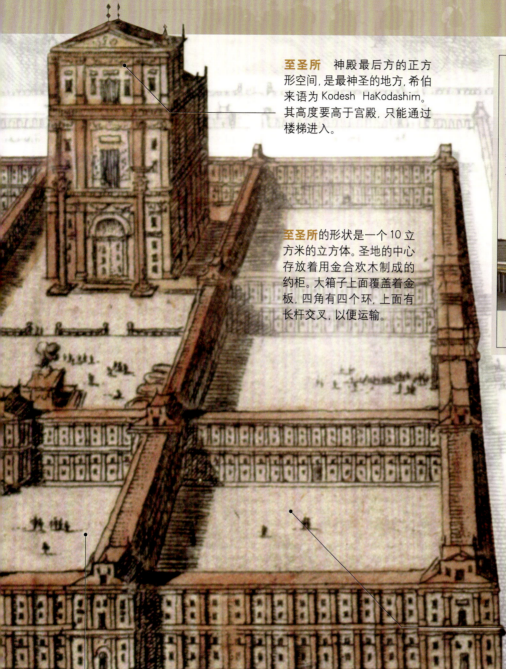

至圣所　神殿最后方的正方形空间，是最神圣的地方，希伯来语为 Kodesh HaKodashim。其高度要高于宫殿，只能通过楼梯进入。

至圣所的形状是一个 10 立方米的立方体。圣地的中心存放着用金合欢木制成的约柜。大箱子上面覆盖着金板，四角有四个环，上面有长杆交叉，以便运输。

尺寸　所罗门圣殿的宽度和长度之比为 1∶2，这意味着宫殿内部由两个正方体组成。建筑的外部石板覆盖了从黎巴嫩山区运来的雪松木，屋顶上的横梁也用黎巴嫩雪松制成。

第二圣殿

耶路撒冷第二圣殿渴望成为第一圣殿的翻版。二者都是犹太教的中心，教众聚集于此，举行各种祭祀活动。罗马人镇压了始于前 66 年的犹太人叛乱后，于前 70 年 8 月 4 日荡平了耶路撒冷和第二圣殿。

❖ 虚构的耶路撒冷第二圣殿，如今仅存西墙。

皇家公寓　在希律王朝大希律王（Herodes）时代，圣殿增设了一座长约 500 米、宽 300 米的庭院。庭院四周的内墙由三层石块堆砌而成，上面覆盖雪松木梁。朝圣者和普通信徒可以自由地进入内部庭院。

建造圣殿是所罗门王最重要的壮举，其英名在他死后的 30 个世纪中得以延续。作为上帝亲自设计的理想建筑，圣殿的名声已超越了时代，影响了君士坦丁堡圣索菲亚大教堂或埃斯科里亚尔修道院的建筑理念。

西墙（哭墙）

第二圣殿的唯一遗迹便是西墙，希伯来语为 Kotel Hamaaraví，东正教徒对其崇拜有加。民间流传着一种习俗：只要在西墙的石头缝隙中留下许愿小纸卷，这些愿望便会传到上帝那里。这样的传统习俗不仅是宗教信仰的表现，恋爱中的情侣也可以借此解决矛盾或传递彼此的爱意。

❖ 耶路撒冷西墙的图片。

希律堡

　　希律堡被阿拉伯人称为"Djebel al-Fureidi"，意为"小天堂"。前23年至前20年，在击败了耶路撒冷的哈斯摩尼人之后，希律大帝在耶路撒冷以南12千米瓦迪吾珥塔斯西北处修建了一座宫殿堡垒，并以自己的名字命名为"希律堡"。城堡海拔758米，高出沙漠300米，在此可以欣赏到壮丽的全景风光。2007年5月8日，耶路撒冷希伯来大学的以色列考古学家在宫殿内发现了一个犹太教堂，里面的墓穴无疑就是它的建造者之墓。希律堡成为犹太之王希律最骄傲的宏伟之作。◆

该建筑群构成了一个圆形平面，一座嵌入墙体的主塔并连着三座圆塔。四座塔均朝向基点，地下楼梯可以直通石砌的山峰。

《希律堡》，根据詹姆斯·雷索特（James Resot）的绘画创作

血腥的希律大帝

　　在罗马的支持下，前37年，希律大帝残杀了犹太王位的合法继承人：哈斯摩尼人阿里斯托布鲁斯二世（Aristóbulo II）的儿子安提贡二世（Antígono II）。为防止谋反，他处决了整个哈斯摩尼家族，其中包括他的岳祖父阿里斯托布鲁斯二世，以及他妻子米利安（Mariamne）的兄弟阿里斯托布鲁斯三世（Aristóbulo III），时任耶路撒冷圣殿中的大祭司。前29年，他的妻子被处决。一年后，他又杀害了岳母。后来，他对三个儿子也做出了同样残忍的事情，他们分别是阿里斯托布鲁斯、亚历山大和安提帕特（Antipater）。

不同用途　希律堡在71年被废弃，在第二次犹太起义（132年至135年）期间被重新利用。后来，它一直处于闲置状态。直到5世纪，再次被一个修道院用作宗教中心。

希律堡的宫殿要塞轮廓

上、下希律堡

上希律堡位于山顶,与下希律堡组成了一个住宅区。下希律堡是一群在山脚下建造的附属楼宇和行政大楼。较低楼层的房屋由希律王和他的家人,以及他最信赖的伙伴们居住。希律堡曾在第一次犹太起义(66年至73年)中用作要塞,但在71年被罗马人废弃。

一个备受争议的国王

前47年,希律大帝(前73–前4)被尤利乌斯·恺撒(Julio César)任命为犹太的检察官。由此,他获得了罗马人的信任和支持,得以推翻哈斯摩尼犹太王朝。前40年,他从罗马三巨头之一马克·安东尼(Marco Antonio)那里获得了"犹太王"的称号。为了与犹太人交好,他扩建了耶路撒冷圣殿,以便朝圣者可以进入宫殿内部。

❖《希律王占领耶路撒冷》,作者:让·富盖(Jean Fouquet)。

哈斯摩尼人被认为是马加比家族的直系后裔。塞琉古王朝国王安条克四世试图将希腊文化强加给犹太人,从而引发了祭司玛他提亚(Matatías)领导的起义。

根据**罗马纪事**,希律王是一位能力出众的统治者,他促进了民间商业活动和经济的发展。在饥荒年间(前25年),他将自己的大部分财富用于从埃及购买小麦。

弗拉维奥·约瑟夫斯在他的《犹太战争》中这样描述希律堡:"它有圆塔,顺着200个雕刻石阶盘旋而上。内部有着既美观又安全的高档皇家公寓。"

外墙围绕着希律堡中心而建,高30米,有7层,其中2层位于地下。在圆形庭院内部是双层式宫殿,带有一个列柱中庭,专供国王使用。

"对无辜者的屠杀"。根据《圣经·马太福音》所述,希律王曾煽动所谓的"对无辜者的屠杀"。希律王命令将在伯利恒出生的两岁以下的孩子全部处决,以防止耶稣(预言为新大卫王弥赛亚)的降临。

犹太反对派。希律王并非希伯来人的同胞,而是以东人,其犹太人的身份是从母亲那里继承的。他与罗马之间不可割舍的关联加重了民众的反抗情绪。

纪念活动

　　同其他文化相类似，犹太人同样注重庆祝各式各样的"节日"（希伯来语为luaj），其中一些是宗教节日，另一些则是世俗庆典。所有活动都是为了达到同一个目的：加深民族记忆。根据传统，每个犹太人都必须牢记4个同等重要的事实：世界的出现成就了生命的开端；星期六设为安息日，是休息、学习和反思的一天；神在西奈山上交给摩西律法；自20世纪中叶，历史给种族带来了浩劫，一场凶残的大屠杀。◆

羊角号 这种古老而原始的管乐器由公羊的角制成。在犹太教堂中吹响号角，宣告新年的开始。在这种情况下，羊角号先发出一连串的短音，最后是一个长音。

犹太教徒为庆祝逾越节制作无酵饼

逾越节的宴席

　　在逾越节（希伯来语为Pesaj）举办宴席是为了让犹太人纪念脱离埃及的奴隶生活。在庆祝活动开始时，孩子们会提出"4 个问题"，以了解当晚"为何与众不同"。大人们通过阅读《哈加达》（Hagadá，逾越节的祈祷书）的经文作为回应，该书的开头是这样的："我们曾经是奴隶，但现在拥有了自由。"所有人，无论是犹太人还是非犹太人，都可以参加宴会。宴席上的标志性食物便是忆苦思甜的无酵饼。

经文护符匣是一种护身符（希伯来语为tefilim），其中一个系在手臂上，另一个盘在头部。护符匣中有这样一句经文："这将是你手中的信物，也是你眼前的纪念物，在你的口中念诵着上帝的律法，借上帝之力将你带出埃及。"（《出埃及记》，13：9）

犹太新年期间的东正教犹太人

天数问题

　　最初，通常是在山顶上点燃篝火，向所有部落宣布月初的开始。后来，这种做法被弃之不用，改为向每个部落派遣使者传递消息。由于部落之间相距甚远，并非每个部落都能及时收到通知，因此，庆祝活动需要持续两天而不是一天，比如犹太新年。不过，赎罪日是一个例外，只持续一天。

护符匣 额头上顶着的小方块是一种护身符,每个犹太人在极端情况下都必须知道并念诵里面的经文:"嘿,以色列,上帝是我们的主,上帝是唯一的。"按照传统,系在右臂上的护身符对应着心脏,而额头上的护身符则象征着智慧。

基帕 为了表示尊重,宗教人士必须用基帕或便帽遮住他们的头部。最正统的教士还会戴着帽子盖住基帕。基于不同宗教潮流和拉比教义的启发,帽子的样式也有所不同。

按照**传统**,在庆祝逾越节的餐桌上,餐具和饭菜的摆放必须遵循一定的顺序(上图是中世纪的雕刻)。根据传说,最小孩子的房间应将门或窗户半开着,因为在夜晚的某个时刻,先知以利亚(Elías)会进来,饮用提前为他准备好的美酒。

祷告巾 神圣的斗篷(希伯来语为 talit),指在进行宗教祷告时覆盖在犹太人肩膀和身躯上的披巾。如果出任牧师的人来自世袭家族,祷告巾还需要包裹头部和身体的其余部分。

祷告 阅读《塔纳赫》(《希伯来圣经》)是日常任务,因为根据犹太历法,每天的祷告都对应着《希伯来圣经》中的不同段落。对于每个犹太人来说,阅读《希伯来圣经》是一项永恒的任务,因为书中的每一句话都象征着神圣的启示。

篝火节

　　根据《圣经》记载,篝火节对应犹太历法的以雅月 18 日,以此纪念驱散困扰拉比阿奇瓦(Akiva,50–135)学生的流行病。他曾鼓励巴尔·科赫巴反抗罗马的占领者。节日当天,人们围着篝火唱歌、跳舞,庆祝婚礼和其他活动。

❖ 犹太日历中标注出了"篝火节"的庆祝活动。

犹太婚礼

犹太人最在意的庆祝活动之一，就是与繁衍下一代紧密相关的婚礼。对信徒来说，举办婚礼意味着履行《创世记》的使命："成长并繁衍。"此外，婚姻的结合证实了上帝与人民之间的盟约，即从亚伯拉罕开始，族群将拥有庞大的后代群体。就像所有犹太故事一样，婚礼的象征意义不仅在于新人，也涉及整个以色列人民及其历史。简而言之，举行婚礼庆祝活动确保了族群的延续，而在整个历史进程中，这个族群曾经遭受灭顶之灾的考验。◆

《爱》，马克·夏卡尔

新娘的象征意义

庆祝星期六是犹太教徒的最高使命之一。在那一天，人类像上帝创造万物后一样休息。有趣的是，当星期五的傍晚，天空中出现第一颗星星时，安息日的庆祝活动也随之正式开始，新郎开始对新娘表达爱意。宣读结婚誓言是犹太婚礼的必要步骤，传递着特殊的情感。很少有画家能像马克·夏卡尔那样表现出新人的情感和喜悦。音乐同样是必不可少的助兴工具。在婚礼上，人们载歌载舞，甚至还会为庆祝活动而特意创作具有特定节奏和旋律的舞蹈。

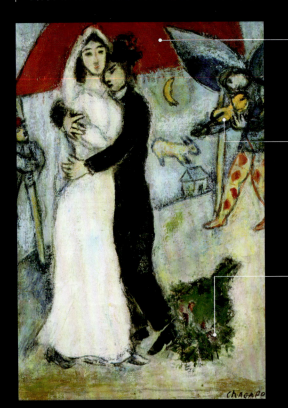

华盖 宗教婚礼在华盖（希伯来语为 jupá）下举行，婚庆典礼用的华盖象征着新房的屋顶，内部空间也代表了耶路撒冷圣殿的神圣区域。

音乐 对于一个随时随地会遭到驱逐的民族来说，所用乐器不可能是钢琴或风琴。他们使用的乐器必须小巧、轻便，容易携带，如夏卡尔画中的小提琴或手风琴。

杯子 婚礼上会摔碎一个杯子。一方面象征着夫妻双方感情的坚固，只有"破杯重圆"才能将他们分开。另一方面，破碎的残渣让人们想起圣殿的废墟或散居在国外流离失所的族人。

七福 促成新娘和新郎结婚的拉比会用希伯来语念诵七福。第一福是纪念亚当和夏娃，祝福新婚夫妇享受婚姻生活。最后一福是纪念散居国外的族人，并呼吁他们尽快返回应许之地，特别是返回耶路撒冷。

《圣母玛利亚的婚礼》，作者：贝尔托·迪·乔瓦尼（Berto di Giovanni）

结婚证书

尽管存在见证人，但是负责安排婚礼的人只能是拉比。作为证词，拉比为双方新人起草结婚证书，希伯来语为 ktuvá（左图）。犹太宗教允许离婚，可以通过夫妻共同决定，或由男女一方自愿提出。在这种情况下，申请人必须出示证明婚姻合法的结婚证书原件，由拉比进行公正离婚。

媒人 在中世纪，许多婚礼由媒人牵线搭桥。受这种做法启发，西班牙作家费尔南多·罗哈斯(Fernando de Rojas, 1470–1541) 创作了《塞莱丝蒂娜》(La Celestina)，书中的主人公塞莱丝蒂娜便是犹太裔的媒人。

酒水 拉比举起象征喜悦的酒（希伯来语为 yain）祝福新婚夫妇，因为《圣经》经文说："Yain mesameaj lev a adam." 意思是："酒让人的心灵快乐。"

受诫礼

13 岁那年，男孩需要举行受诫礼 bar mitzvá，字面意思是"诫命之子"。正式仪式由一位拉比带领男孩在犹太教堂举行，代表着男孩进入成人世界的入学典礼。从那时起，年轻的犹太小伙子就要承担起对人民和上帝的所有义务。

❖ 从庆祝自己的受诫礼开始，即 13 岁生日开始，一位拉比就会教导年轻的犹太人定期戴上护身符。

烛台是犹太教的象征之一。按照传统说法，这盏七烛台象征着摩西从上帝手中接过法典之时，笼罩在西奈山上的光芒。迈蒙尼德认为，烛台的光芒象征着神圣的智慧，是婚礼崇高时刻不可或缺的物件。

结合

婚宴仪式结束后，新郎和新娘会前往一个僻静的空间，在那里的矮桌上摆放着象征甜蜜爱情的两杯酒和糖果。这是双方的结合时刻，希伯来语为 yijud。过了一会儿，新人会再次外出，与所有来宾一起开始庆祝活动。新娘和新郎一起跳舞，然后彼此再和亲朋好友跳舞。

❖ 《玛丽和约瑟夫的婚礼》，作者：詹姆斯·天梭。

死海古卷

　　死海古卷又称昆兰古卷，因为第一卷古书便是藏于死海沿岸的昆兰洞穴。该部古卷收集了约800份由艾赛尼派用希伯来语和阿拉姆语撰写的正宗犹太经文。1947年，两名贝都因牧民，朱玛（Jum¹a）和他的堂兄弟穆罕默德·埃德-迪卜（Mohammed ed-Dhib）在昆兰旷野的一个山洞中发现了7个卷轴。由于不知道卷轴的重要性，他们竟然将其中一些点燃，以生火取暖。如今，死海古卷已经成了阐明基督教犹太根源的特殊历史文献。◆

圣书之龛

　　犹太人自称为"书中之民"，是因为被誉为"书中之书"（希伯来语中的 Séfer a Sfarim）的《摩西五经》凝聚了犹太文化的核心思想。在耶路撒冷的以色列博物馆内，死海古卷被存放于建筑精美的圣书之龛内。

❖ 博物馆内存放死海古卷的建筑让人联想到存放《摩西五经》的约柜。

昆兰 为了提高售卖价格，在昆兰（下图）发现的卷轴被分块出售给当地的古董商。一部分去了埃及，另一部分则去了美国。随后，一些碎片的副本被出版，公布于众，这一做法推动了考古学家对昆兰地区进行广泛的考察，并由此发现了另外600个古卷和数百个碎片。这些手稿得益于该地区干燥的气候，均被很好地保存下来。

死海古卷之一的残片

非凡的见证

　　手稿的发现是研究基督教前犹太身份的重要神学和组织来源。大多数手稿可以追溯到前250年至66年。在发现的材料中，最古老的文本是以希伯来语撰写的《塔纳赫》（《希伯来圣经》）。据悉，为了防止当时的犹太人起义反抗罗马人带来的影响，艾赛尼派将他们认为神圣的材料隐藏了起来。

永恒的问题

　　编号1Q27, 9-10的残片中提到："难道不是所有人都憎恨邪恶吗？但他们仍然齐头并进。难道不是所有国家都赞美真理吗？然而，真的有人能做到坚持不懈吗？哪一个民族甘愿被另一个比它强大的民族压迫？谁又情愿自己的财富被剥夺？不过，不欺压邻国的民族存在吗？哪有不剥夺别人财富的民族？"

❖ 卷轴的众多片段之一。

内容 手抄本中有《塔纳赫》，包括《撒母耳记》较长的第一版，以及《第二正典》，例如，《西拉书》（Sirácida）、《耶利米书》（Carta de Jeremías）和《托比特书》（Libro de Tobías）。从艾赛尼派的角度来看，《圣经》中的每一个章节都有研究价值。此外，居住地使用的手册、法规和祈祷文也被保留了下来。

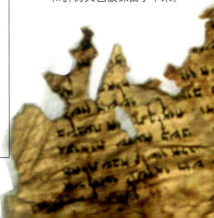

"正义大师" 艾赛尼派曾试图将耶稣定义为"正义大师"。但是,卷轴中甚至一次都没有提到耶稣的名字,也没有典故或者线索可以追寻。卷轴的年代分析和考古学研究都表明,"正义大师"应该生活在前2世纪初。但是,根据《约翰福音》(Evangelio según san Juan)和《新约》其他书籍的记载,手稿中的某些教义的确与后来出现在福音书中的教义或神学先例相似。

太阳历 这些手稿包含各类宗教文本,例如,《以诺书》(Libro de Henoc)、《十二族长遗训》(Testamento de los doce patriarcas)。其中,《禧年书》(Libro de los jubileos)介绍了法利赛人和撒都该人使用的与罗马历不同的太阳历。

研究古卷表明,早期的基督教徒与期望上帝国度的犹太人之间存在着关联。正如先知们所谴责的那样,彼时他们正面临着与希腊和罗马结盟的大宗族法利赛人和撒都该人的迫害。

哈西德主义

哈西德主义（源自希伯来语jesed，意为"虔诚和怜悯"）起源于18世纪的东欧。它是由拉比以色列·本·以利撒（1700–1760）创立的，也被称为"Ba'al Shem Tov"（在希伯来语中意为"美名大师"）。经过一连串儿的屠杀和流放，面对最贫穷阶层的诉求，传统拉比们选择将学术知识置于实践精神和生活乐趣之上，这导致了二者之间的对峙。这场深刻的弥赛亚精神革命振兴了犹太教。◆

《犹太教讨论》，作者：雅各布·托伦弗利特（Jacob Toorenvliet）

大型讨论

哈西德主义引发了传统拉比的强烈反对，他们被称为"米特纳吉迪派"（西班牙语意为"反对者"）。其中，最著名的便是立陶宛的犹太拉比维尔纳·加翁，他谴责所有的哈西德主义者，并将其大规模驱逐出境。随后，在哈斯卡拉运动，即犹太启蒙运动出现之前，面对"外来异端"势力，两股对抗潮流空前地团结在了一起。

卡巴拉哲学的延续

哈西德主义被认为是中世纪卡巴拉哲学（西班牙语意为"传统"）的延续。和中世纪《圣经》的注释家一样，哈西德主义者也竭尽所能地在这本神圣作品的蛛丝马迹中探寻救赎的大门。在当时的背景下，犹太社区正遭受着周围反犹浪潮的肆意压迫。

❖《摩西五经》的一段文字。
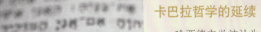

《塔木德》是犹太人口述传统的汇编。它诠释了摩西律法，是一部民法和宗教法典。为了保持教义上的统一，作品由1世纪和2世纪的多位作者合作完成，包括《耶路撒冷塔木德》（上图）和《巴比伦塔木德》。

回归 哈西德主义的愿景之一就是返回应许之地。面对弥赛亚的迟迟不至，一些族群搬到了巴勒斯坦，在那里开设了学习中心。

舞蹈成为哈西德主义者表达祈祷热情的一种方式。在这种习俗中产生了所谓的"犹太之歌"，即将犹太风格与东欧和巴尔干的旋律和节奏融合在一起。

义人 每个信奉哈西德主义的社区都遵循精神领袖 tzadik（希伯来语意为"正义之人"）的指导。在《塔木德》中，层次最高同时也最难以定义的人便是义人。

"犹太之歌" 产生于哈西德主义革命。该术语源自 klei 和 zémer 两个词根,在希伯来语中分别意为"乐器"和"歌曲"。伴随着哈西德主义的发展,音乐走进了犹太宗教研究的中心,甚至影响了犹太教堂的圣歌形式。

《生命之树》的一个版本

生命之树

根据卡巴拉主义的教义,sefirot(西班牙语中的"小径",指的是右图中圆圈状物体)是上帝创造世界的 10 种方式。上帝通过聚集他的能量(希伯来语中称为 tsimtsum),创造了通往神界的路径,构成了生命之树(希伯来语为 Etz Jaim)。这种神秘的关系系统提高了人类最终获得神性的机会。

马丁·布伯的摄影作品

马丁·布伯

马丁·布伯(1878—1965)是现代犹太教伟大的哲学家之一,他深受马克思主义、无政府主义的影响,收集了大量的哈西德主义故事。在弥赛亚主义的运动中,他看到了民族的复兴、犹太复国主义的兴起、集体农耕运动和以色列国的建立。

现代犹太会堂

　　犹太会堂是犹太人聚会、祈祷和学习的地方，它是现存一神教中最古老的宗教会所，其起源尚不清楚，但很可能在前700年就已经存在。最开始，会堂是信徒们的聚会场所，后来逐渐引入了其他功能，例如，礼拜。每个犹太会堂都设有一个或多个学习室。但是，不管其如何发展，对宗教传承而言，犹太会堂并非犹太人集体崇拜必不可少的场所，也永远无法代替被摧毁的所罗门圣殿。◆

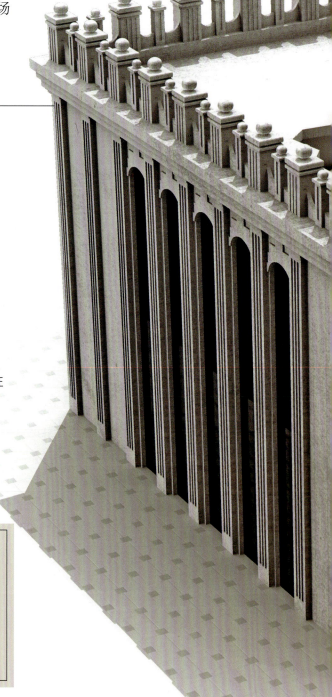

贝尔兹大会堂

　　建于20世纪80年代的耶路撒冷，并于2000年被奉为圣殿。它是世界上最大的教堂之一，可以容纳6 000个信徒。属于犹太教的哈西德主义（正统派）分支，并且存放着最令人震撼的约柜。

以下是所有犹太会堂的共同元素：

1　**烛台**　七烛台，可能是受摩西在西奈山上看到的灌木丛燃烧启发。

2　**律法卷轴**　神圣法律的承载处。

3　**约柜**　存放着《摩西五经》。

4　**拉比的座位**

5　**讲坛**　诵读律法书的高座平台。

6　**讲道台**

7　**圣殿**　进行祈祷的地方。

8　**大卫之星**　它是犹太人的象征之一，也是以色列国的标志。

9　**《摩西十诫》**

灵感

　　贝尔兹大会堂的灵感来自1843年在贝尔茨（现位于乌克兰）建造的另一座伟大的犹太庙宇，是一座纪念性犹太教堂，能够容纳5 000名忠实信徒。1939年，纳粹入侵波兰时被摧毁。

◆老贝尔兹犹太教堂的图片。

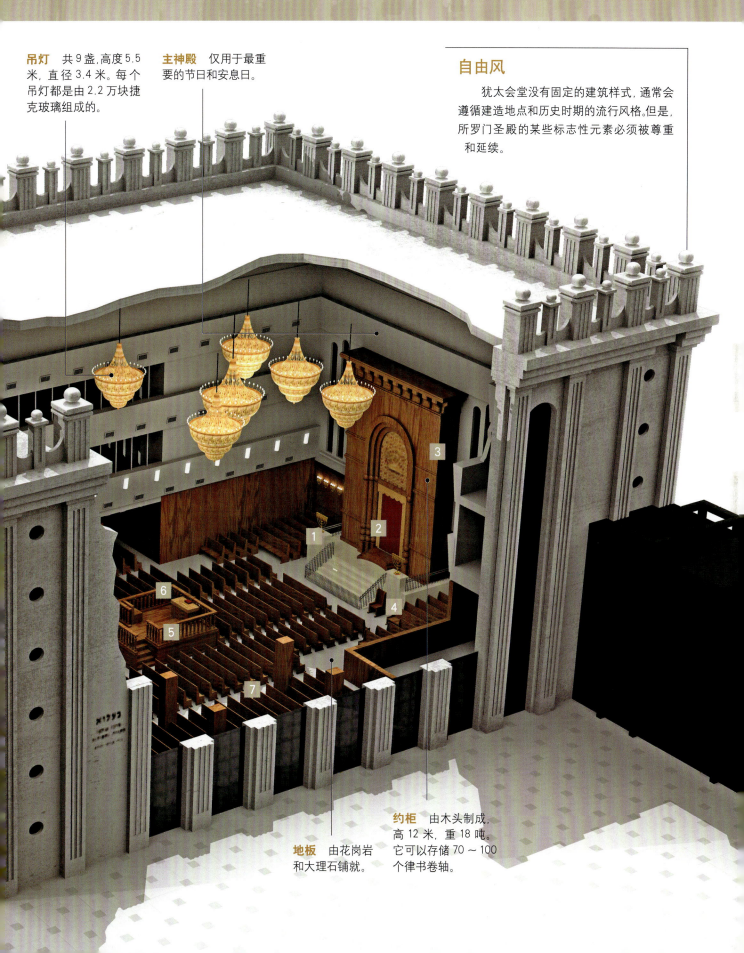

吊灯 共 9 盏,高度 5.5 米,直径 3.4 米。每个吊灯都是由 2.2 万块捷克玻璃组成的。

主神殿 仅用于最重要的节日和安息日。

自由风

犹太会堂没有固定的建筑样式,通常会遵循建造地点和历史时期的流行风格。但是,所罗门圣殿的某些标志性元素必须被尊重和延续。

地板 由花岗岩和大理石铺就。

约柜 由木头制成,高 12 米,重 18 吨。它可以存储 70 ~ 100 个律书卷轴。

文化遗产

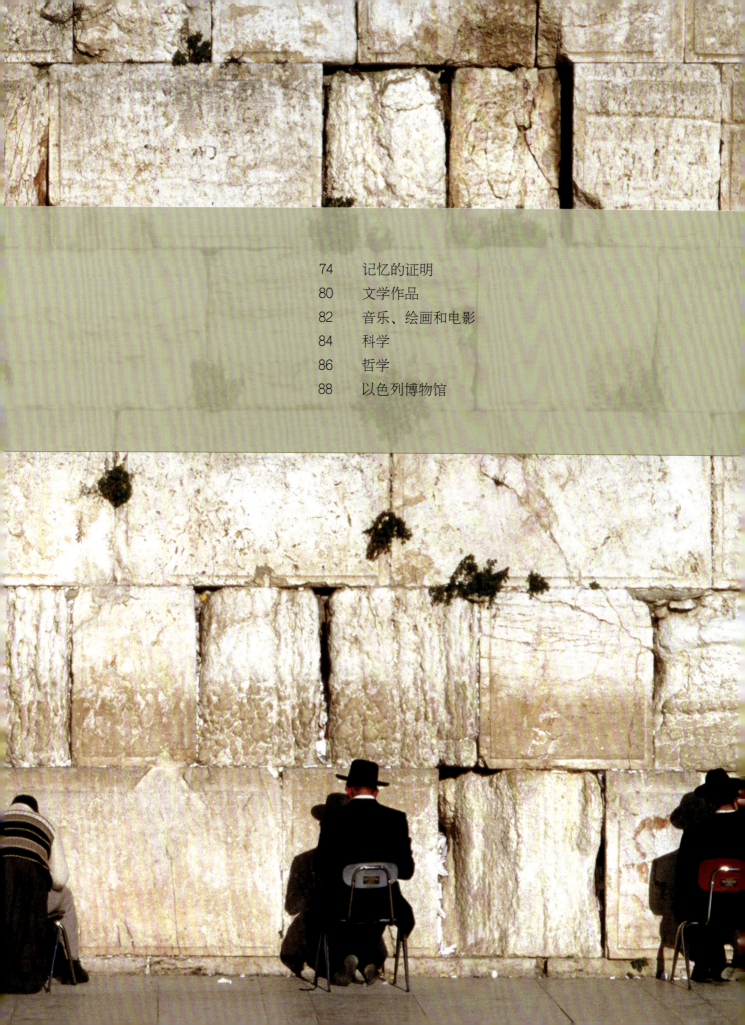

文化遗产

记忆的证明

即使在世界各地过着流浪生活，且不断遭受敌人的穷追猛打，希伯来民族依旧顽强地保持着数千年的文化身份，留存下来极其丰富的文化遗产和建筑遗迹。的确，犹太人自始至终都为全人类的共同进步做出了重大贡献。从一开始受到最热烈的钦佩到最强劲的排斥，犹太人的生活遭遇着大起大落，最终还遭到了纳粹主义实施的"大屠杀"。

希伯来民族对世界文化的根本贡献也许是这种适应历史时代变迁，同时又不丢失或抛弃最重要的民族根本的能力。

联合过去与未来

原则上，犹太文化诞生至今，始终肩负着两项伟大而艰巨的使命。

一方面，所有犹太后裔都必须牢记历史上的重大事件，例如，从埃及逃离奴役生活、在西奈山上接受律法、耶路撒冷神庙的毁灭，以及20世纪的大屠杀惨剧。

另一方面，同样从源头开始，救赎（希伯来语为Haleshuá）的希望便与全人类的命运结合在了一起，成为每个犹太教徒真正的使命。在希伯来文化中，弥赛亚情怀一直保持着救赎的目的。得益于此，即使在最恶劣的条件和最极端的生存情况下，犹太民族仍能艰难前

❖ 根据三大一神论宗教信奉的《圣经》记载，**亚当**标志着人类的起源。左图，巴乔·班迪内利（Baccio Bandinelli）的雕塑作品。

行，寻找生命的突破口。

不断回顾过去，同时又展望和描绘着未来，看似矛盾和极端的两个历史使命为犹太民族成为"天之选民"奠定了基础。希伯来文化的精神将存在转化为一种使命，赋予犹太人特别是整个民族独特的宗教个性。正如哲学家伊曼努尔·列维纳斯（Emmanuel Levinas，1906—1995）准确描述的那样，虽然希伯来人与上帝之间签订协议，由先祖亚伯拉罕带到了人间，但是，希伯来民族的每一位成员用他们的日常行为亲自履行和承担了这份集体协议。的确，即使在宗教框架内，每个犹太人念诵的祈祷文既有共同的部分，也有个人部分，两者融会贯通，相互支持。

另外，哈拉卡——犹太教口传律法的统称，在人们期待的宇宙中心"即将到来的世界"（Olam HaBá）和每天生活的"现实世界"（Olam HaZé）之间建立了长期的联系。

从这个意义上说，有些教义是十分重要的，例如："如果没有面包，就没有律法；如果没有律法，就没有面包"或"宇宙的三大支柱：律法、工作和正义的慷慨"。正如列维纳斯所说，在任何时候，最抽象的元素都必须立足于具体而现实的环境之中。

埃里希·奥尔巴赫在悲惨的1943年至1945年撰写了作品《摹仿论》，书中从文学的角度将《希伯来圣经》的叙事风格与荷马史诗中的《伊利亚特》（Ilíada）和《奥德赛》（Odisea）进行了深刻的对比，前者描述了大量的日常细节，而后者则充满了很多象征意义和寓意。

❖ **哭墙**　即耶路撒冷旧城遗留下来的西墙，也是世界上所有犹太人进行祈祷的圣地。

❖《摩西五经》对卡巴拉主义者来说是掌握神秘创造力的途径（上图为1299年版）。

　　两首史诗的差异源于对英雄概念的理解不同，希腊英雄需要战胜生存环境的巨大挑战（尤其是生与死的挑战）来证明自己，而犹太英雄面对的则是日常生活中的繁琐问题。希腊英雄是神或半神，犹太英雄则是普通人类，是有血有肉，体会痛苦、恐惧、自私和艰辛的凡人。

　　简而言之，荷马史诗中的英雄帕里斯（Paris）、赫克托耳（Héctor）和阿伽门农（Agamenón）等人都是以英勇战斗和不惧死亡著称。以色列的伟大英雄，诸如族长、摩西、国王、先知们，都是在处理日常突发事件和生活中展现自己的才能。

　　也许，"36名正义者"是最能综合体现这种英雄主义概念的隐喻。根据犹太传统，在任何时候都有"36名正义者"维护世界。之所以是36，是因为根据希伯来字母代码（Gematria）（一种从字母的数值中获取圣名的神秘计算方法），希伯来语中的第12个字母lamed和第6个字母vav等同于36，代表"希望"一词的首字母，符合对耶和华（Yavé）四字神名的推算法则。然而，尽管维系世界的责任重大，但没人知道他们是谁，甚至连他们自己都不知道自己的身份。因此，在大众看来，维护世界和平不如发动特洛伊战争那般英勇，多数英雄在履行这个至关重要的使命时都变得默默无名。

《塔木德》的智慧

❖❖❖

　　《塔木德》是一部有关犹太教律法、传统、习俗、传说和故事的宗教文献，其特点是以提问的形式保留观点的多样性。尽管各个作者的观点可能存在矛盾和对立，其主要目的还是激发对既定答案的质疑和不断寻求新的说明性准则。准确地说，《塔木德》可以分为两个版本：在巴比伦地区完成的《巴比伦塔木德》（希伯来语为Talmud Bavli）和在新建立的罗马行省巴勒斯坦完成的《耶路撒冷塔木德》（希伯来语为Talmud Yerushalmi）。二者都是由许多古代拉比历时几个世纪撰写的著作。犹太教认为，《塔木德》是口传律法，而《摩西五经》则是书面律法。《塔木德》对《摩西五经》进行了扩展、解释和补充，但从定义上讲，二者并不矛盾。犹太教法典哈拉卡判定《塔木德》的法律权力从属于《摩西五经》。

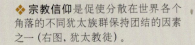

❖ **宗教信仰**是促使分散在世界各个角落的不同犹太族群保持团结的因素之一（右图，犹太教徒）。

《光明篇》

❖❖❖

　　《光明篇》（Zohar）是一本神秘卡巴拉流派的著作，它包括根据《摩西五经》的周记（parshiot）组织的《圣经》注释"米德拉什"（Midrashim）。《光明篇》分为三个中心部分：原始的《光明篇》即《律法之径》（Sitrei Torá）、《消失的评论》（HaMidrash haNe'elam）和《安排》（Tikunim）。《光明篇》由拉比西缅·本·约哈伊（Shimon Bar Iojai）用阿拉姆语编写，是《密西拿》（Mishná，"口头法律"）的变形，被卡巴拉流派奉为"圣经"。大多数情况下，它将《摩西五经》划分为52段并逐一进行评论。"Zohar"一词在希伯来语中意为"发光"，源自《创世记》的开篇（1: 3，"要有光"）。书中致力于分析和注释《圣经》文本，以便从中提取其隐藏的含义。根据《光明篇》记载，宇宙分为光明和黑暗两个世界，每个世界均由10个天体组成，象征着10种精神原质。

　　下，某些真正的基本文化特征是如何经久不衰并维持了数千年的生命力。

　　在每一个逾越节，无论犹太人身处何方或处境如何，无论是住在迦南之地还是散居国外，他们都必须追忆先辈是如何摆脱埃及的奴役束缚获得解放的。在任何情况下，每个犹太人都必须庆祝逾越节，就好像他们自己亲身经历了那场逃亡并庆祝成功一样。大家的使命始终是相同的："Zicarón! Zicarón!"意思是"记得！记得"。毋庸置疑，必须"记得"的是难以愈合的伤口，例如，在纳粹死亡集中营里的600万犹太人被残忍杀害时，祖先留下的使命感便会与日俱增，成为民族的集体信仰。

❖ **大卫王**（下图，挂毯画中的人物）是上帝的赞美诗《诗篇》的作者。

"应许之地"

　　当然，尽管希伯来人的文化在其整个历史进程中已经发生了巨大变化，但很难解释在没有国家的支持，没有等级制度和有组织的教会或文书机构，没有领土支撑，也没有单一和独特语言的情况

❖ **预言**是希伯来人对世界文化贡献最重要的文化遗产之一（下图是刻画耶利米的浅浮雕）。

弥赛亚的信仰在于人们深信世界是可以改变的，尤其体现在弥赛亚轶事和受膏者身上。先知文学从根本上滋养了以人类救赎为目标的民族使命，这也是耶稣福音信息的基础。尽管历史上曾以耶稣的名义实施了多次对犹太人的迫害，但令人惊奇的是，耶稣始终是犹太人和犹太文化的福音。

当然，弥赛亚精神与犹太文化的重心"应许之地"有关，其中心城市无疑是圣城耶路撒冷。据《圣经》记载，所谓的"应许之地"就是上帝向先祖亚伯拉罕及其后代许诺的地方。它具有双重含义：一方面，在地理位置上位于迦南之地，是一个确切的地理坐标。自从被罗马占领和耶路撒冷被毁后，这块土地就成为叙利亚-巴勒斯坦的一个省。希伯来文化的基础正是在此孕育和发展的。但是，另一方面，"充斥着牛奶和蜂蜜"（食物和甜味的象征）的"应许之地"具有神话般的另一层含义，使其成为和平与正义世界的象征。正如《以赛亚书》（2：2-5）的预言所述，"在那里，人们铸剑为犁，将长矛锻成修枝剪。彼此间不会兵戎相见，也不会备战训练（战士）。"

自19世纪末以来，特别是在第二次世界大战期间大屠杀事件发生后，由于反犹太大屠杀的浪潮一浪高过一浪，犹太复国主义者提出让犹太人"正常化"的建议。也就是说，像其他民族一样，希伯来人必须拥有自己的领土、国家、军队……如果这里不是"应许之地"，那么，几千年来世界各地的犹太人又该将他们的目光和祈祷投向何方？"将没有人民的土地提供给没有土地的人民"的提法很快赢得了多数希伯来人的支持。但是现实表明，这一解决方案并不容易实现，原因之一就是巴勒斯坦地区居住着巴勒斯坦人，并不是"没有人民的土地"。双方的矛盾引爆了严重的巴以冲突。冷战中，巴以双方彼此依靠的大国挑起纷争，推迟公正方案的通过，破坏了地区间的持久和平。

参与人类的救赎

"Tikún olam"一词在希伯来语中意为"修复世界"，是犹太文化的精髓之一，它解释了犹太人在改变世界和建立更大的社会正义方面的群体努力。该表述来自《密西拿》，特别是短语"mip'nei tikún olam"，在希伯来语中意为"修复世界的目的"，并表示必须施行律法，不仅是《圣经》的指引，还在于法律规范有助于人类避免负面侵害。祈祷文 Aleinu（意为"这是我们的责任"）中包含"tikún olam"一词，是东正教犹太人庆祝三种日常宗教仪式结束时的祈祷词。

祈祷文 Aleinu 表示，人类有责任修复上帝创造的世界。根据犹太神秘主义，宇宙仿佛是一个容器，它巨大无边，因无法容纳神光而破裂。因此，根据卡巴拉主义者的说法，宇宙实际上是破碎的，需要被修复。通过遵守"戒律"，人们可以帮助修复破损的宇宙。

卡巴拉教士教导人们，每个人都可以通过自己的行动参与修复世界和宇宙，即人类可以参与神圣的创造。正因为如此，在现代意义上，犹太人才会坚持不懈地尝试救赎世界的"羞辱和冒犯"。

❖ 认真阅读《摩西五经》成为东正教犹太人生命的重要部分（上图）。

文学作品

　　不出所料，所谓的"书中之国"在浩瀚的文学世界里有着不可或缺的地位。犹太民族的伟大贡献不仅在于用希伯来语创作了独一无二的《塔纳赫》、在中欧和美洲的犹太人中使用的依地语，以及塞法迪犹太人被大规模驱逐出西班牙前使用的古西班牙语，他们还给所到之处的不同语言留下了独特的民族痕迹。无论犹太人生活在哪里，通过伟大的作家，抑或只是撰写日常新闻的记者，他们均以其本国语言或使用他国文字烙上专属于自己文学的印记。◆

伊本·以斯拉（Abraham Ben Meir Ibn Ezra, 1092–1167）生于西班牙，也死于西班牙。绰号"ha Sofer"，在希伯来语中意为"作家"，他是中世纪最杰出的希伯来语作家之一。他对《塔纳赫》的注释以其博学和独创性著称；他对文本诠释所采用的语法方法是现代文本批评的启蒙之作。

弗兰兹·卡夫卡（Franz Kafka）的照片

弗兰兹·卡夫卡

　　捷克德语作家弗兰兹·卡夫卡（1883–1924）出生于布拉格的一个犹太商人家庭，年轻时参加了犹太复国主义运动，他的部分家人在纳粹集中营中死去。其代表作有《变形记》(La metamorfosis)、《审判》(El proceso)和《城堡》(El castillo)，作品大多刻画了被社会环境与国家集权包围和压迫而孤立、绝望的人。卡夫卡的写作特色十分鲜明，以至于被形容为"迷宫""荒诞"和"难以理解"。

旧版画中的弗拉维奥·约瑟夫斯

弗拉维奥·约瑟夫斯

　　犹太史学家约瑟夫斯 37 年出生于耶路撒冷，曾亲眼目睹了罗马对祖国的强制占领。他致力于研究史学，记录了"犹太人与罗马人的战争和耶路撒冷沦为废墟的史实"，其记录努力保持客观性，同时表达了对民族灾难的同情与怜悯。他于 100 年在罗马去世。

以色列作家萨缪尔·约瑟夫·阿格农（Samuel Yosef Agnón）的照片

萨缪尔·约瑟夫·阿格农

以色列希伯来语小说家萨缪尔·约瑟夫·阿格农于 1888 年出生于波兰的加利西亚，并于 1970 年在特拉维夫（以色列）去世。其作品中最常出现的主题是在东欧散居的犹太居民生活和在巴勒斯坦犹太殖民化的开端。《就在昨天之前》（Ayer y antes de ayer）是他最著名的小说之一，主要描写了一条名叫"巴拉克"（Balak）的狗。《大海深处》（En el corazón）则叙述了犹太人民在流放过程中的悲惨遭遇。1966 年，他与诗人内利·萨克斯（Nelly Sachs）共同获得了诺贝尔文学奖。

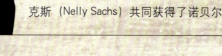

《创造亚当》，米开朗琪罗的壁画细节

旧约

毫无疑问，犹太文学的奠基之作便是《圣经》的第一部分《塔纳赫》（《希伯来圣经》）。这本用希伯来文撰写的第一份圣书始终是人类多样化艺术表现形式的灵感来源。对圣书的至高崇敬和忠诚，让希伯来人成了"书的子民"。

艾萨克·巴什维斯·辛格

辛格（1904—1991）出生于波兰，因受到纳粹迫害而移居美国。他主要使用依地语（部分用英语）进行创作。他的故事聚焦于东欧国家的犹太世界，代表作有《莫斯卡特一家》（La familia Moskat）、《撒旦在戈雷》（Satán en Goray）、《魔像》（El golem）和《奴隶》（El sclavo）。1978 年，他被授予诺贝尔文学奖。

美国剧作家阿瑟·米勒（Arthur Miller）的照片

阿瑟·米勒

阿瑟·米勒是美国最伟大的剧作家之一。1915 年，他出生于纽约，于 2005 年逝世。他的作品对美国生活方式，尤其是社会不公正现象做出了严厉的批评。在艰难的"麦卡锡主义"时期，他因激进的态度和写作风格被指控为共产主义者。在其众多作品中，脍炙人口的有《都是我的儿子》(Todos eran mis hijos)、《推销员之死》(Muerte de un viajante)、《萨勒姆的女巫》（Las brujas de Salem）、《桥头眺望》（Panorama desde el puente）、《格格不入》（Vidas rebeldes）、《堕落之后》（Despué s de la caí da）、《代价》（El precio）和《平凡女孩的一生》（Una chica cualquiera）。在其自传体小说《时移世变》（Vueltas al tiempo）中，他描述了对家族文化的热爱，在典型犹太社区的童年经历，以及反犹太迫害的故事对其进步思想产生的影响。

音乐、绘画和电影

希伯来人与音乐的渊源可以追溯到其文化根源。确实，在《塔纳赫》（《希伯来圣经》）中，从摩西的姐姐米里亚姆的舞蹈到大卫王著名的竖琴表演，音乐声影始终存在。《圣经》经文里同样刻画着许多音乐符号，评论家和注释家对其做出了不同的解读。与阿拉伯人的遭遇一样，由于雕刻人物涉嫌异教行为，因而总是受到宗教法庭的干涉和禁止，犹太人与雕塑艺术之间的关系也变得更加复杂。幸运的是，尽管同样基于图像艺术，犹太民族还是孕育了伟大的画家和电影制作者。◆

古斯塔夫·马勒

古斯塔夫·马勒（Gustav Mahler，1860-1911）是奥地利作曲家和指挥家。他的主要作品除了9首交响曲，还有《旅行者之歌》（Canciones del amigo errante）和声乐组曲《亡儿之歌》（Canciones de los niños muertos），以及交响组曲《大地之歌》（La canción de la Tierra）。尽管受到反犹太主义者的骚扰，他还是成功地在维也纳歌剧院担任了指挥。

电影制片人伍迪·艾伦（Woody Allen）的照片

伍迪·艾伦

1935年12月1日，伍迪·艾伦出生于纽约，别名艾伦·斯图尔特·科尼斯本（Allan Stewart Königsberg），是美国最伟大的导演、编剧和演员之一，曾多次获得奥斯卡奖。此外，他还是爵士乐的忠实爱好者。在他的所有电影作品中，如《呆头鹅》（Sueños de un seductor）、《安妮·霍尔》（Annie Hall）、《曼哈顿》（Manhattan）、《汉娜姐妹》（Hannah y sus hermanas）、《开罗紫玫瑰》（La rosa púrpura de El Cairo）等，都表现出了鲜明的犹太式幽默，充满深刻而有趣的讽刺和自我批评。在当时，他致力于反映美国犹太人的生活困境。2002年，他被授予"阿斯图里亚斯王子艺术奖"（西班牙）。

画家马克·夏卡尔的照片

马克·夏卡尔

马克·夏卡尔（原名Moishe Zakharovich Shagalov，1887-1985），犹太裔白俄罗斯画家，出生于维捷布斯克的一个小村庄。早年的希伯来文化根源和东欧的犹太文化习俗铸就了他的想象之源，使他成为超现实主义最重要的人物之一。他的画作用梦幻、象征性手法呈现了贫穷的犹太人社区。他还创作了以色列议会大厦（Knéset）的彩色玻璃窗。

乔治·格什温（George Gershwin），美国音乐家雅各布·格肖维茨（Jacob Gershovitz，1898—1937）的别名。他深受拉威尔（Ravel）的影响，是一位杰出的古典音乐和流行音乐的作曲家。他的代表作品包括《波吉与贝丝》（Porgy and Bess），尤其是为钢琴和爵士乐团写的《蓝色狂想曲》（Rhapsody in Blue）获得了巨大成功，它把古典音乐元素与美国爵士乐风格完美地结合在一起。

查理·卓别林（Charles Chaplin）的电影《孤儿流浪记》（El niño）中的一个镜头

查理·卓别林

查理·斯宾塞·卓别林（Charles Spencer Chaplin，1889—1977）集演员、导演、作家、制片人和作曲家于一身，凭借近 90 部电影作品，被公认为电影界的天才。让他声名远扬的角色是流浪汉夏洛特（Charlot）：一个留着奇特胡须的小矮人，他举止优雅，却穷困潦倒。头戴圆顶破礼帽，手持拐杖，身穿短外套，搭配肥裤子和大头鞋。面对社会的不公和欺凌，他那独特的摇摆步、几经波折的情感，以及饱含忧郁的失望与无奈，使其成了人类疏离的象征和"被羞辱与被冒犯"的捍卫者。

门德尔松（Jakob Ludwig Felix Mendelssohn-Bartholdy，1809—1847）是德国浪漫乐派最具代表性的人物之一。他的作品《仲夏夜之梦》（Sueño de una noche de verano）已成为婚礼上的必备歌曲。然而，在纳粹的统治下，犹太裔作曲家的音乐作品被禁止播放。

莫里斯·约瑟夫·拉威尔（Maurice Joseph Ravel，1875—1937）是法国著名作曲家。他的作品深受印象派影响，表现出大胆的新古典主义风格，有时还展露出表现主义的特征，集众多乐派的成果于一身，他的乐曲彻底改变了钢琴和管弦乐队的音乐风格。

科学

　　根据《圣经》的指示，犹太人每天都要花几个小时的时间学习，尤其是在最神圣的安息日。然而，几个世纪以来，大部分散居海外的犹太人遭到了反犹太措施的压制，无法接受公共教育，尤其是大学阶段的高等教育。许多情况下，如同在沙俄一样，年轻的犹太人要想被学校接纳，条件是他们的家庭必须资助一个非犹太孩子的学习费用。因此，只有富裕家庭的孩子才能得到学习的机会。尽管如此，犹太人还是设法在所有知识领域中脱颖而出。◆

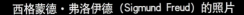

西格蒙德·弗洛伊德（Sigmund Freud）的照片

西格蒙德·弗洛伊德

　　维也纳犹太人西格蒙德·弗洛伊德（Sigismund Shlomo Freud，1856—1939），是一位医生和神经学家，更是精神分析学的创始者。他出于对催眠及治疗精神病患者的兴趣，开始了治疗精神病的职业生涯。后来，在继承原有治疗技术的基础上，他用自由联想和梦境分析法代替了催眠，从而开发出目前被称为"言语疗法"的新型治疗方式。在当时，他对儿童性行为的超时代观念曾招致强烈的抨击，但目前，他的理论已得到普遍认可。纳粹主义期间，他不得不离开维也纳，而后前往伦敦，最终在伦敦去世。

伊利亚·普里高津（Ilya Pri-gogine，1917—2003）是杰出的物理学家和化学家，出生于莫斯科，但因内战期间引发的骚乱，偕同家人逃到了布鲁塞尔。他于 1977 年被授予诺贝尔化学奖，表彰"他做出的巨大贡献，即将热力学理论成功扩展到远离平衡态的系统，而这样的系统只能与其环境共存"。

乔纳斯·索尔克（Jonas Salk）的照片

乔纳斯·索尔克

　　美国生物学家乔纳斯·索尔克（1914—1995）是脊髓灰质炎疫苗的研发者。"索尔克疫苗"是指向患者体内注射一种灭活脊髓灰质炎病毒，使接受疫苗的人能够针对该病毒进行免疫接种，从而不会罹患这种疾病。一旦对这种形式的病毒免疫后，身体也会对另一种更具毒性的病毒产生抵抗力。随着时间的推移，注射用"索尔克疫苗"被口服"索尔克疫苗"所代替。

阿尔伯特·爱因斯坦（Albert Einstein）的照片

阿尔伯特·爱因斯坦

阿尔伯特·爱因斯坦（1879–1955）出生于德国，由于纳粹的迫害赴美国避难。他是 20 世纪最著名且最重要的科学家。1905 年，这位名不见经传的年轻物理学家发表了他的狭义相对论。研究中，他搭建了简单的理论框架和物理假设，并将亨利·庞加莱（Henri Poincaré）和亨德里克·洛伦兹（Hendrik Lorentz）先前的研究成果和现象纳入其中。同年，爱因斯坦发表了其他一些著作，为统计物理学和量子力学奠定了基础。1915 年，他又提出了广义相对论，重新定义了引力概念，并由此推出了物理宇宙学，开始了对宇宙起源和演化的科学研究。以色列曾真诚地邀请他担任这个新犹太国家的第二任总统，但他更愿意继续潜心研究。此外，爱因斯坦还是一位伟大的人文哲学家。他于 1921 年获得了诺贝尔物理学奖。

科里夫妇　捷克人吉蒂·黛丽莎·科里（Gerty Theresa Cori）就读于布拉格德国大学，并于 1920 年获得博士学位，她的丈夫是卡尔·斐迪南·科里（Carl Ferdinand Cori）。面对反犹太主义的日益猖獗，这对夫妇于 1922 年移居美国。他们在纽约布法罗药理研究所工作，并成为美国国家科学院的成员。两人于 1947 年获得诺贝尔生理学或医学奖。

列夫·达维多维奇·朗道（Lev Davidovich Landau）和他的妻子

列夫·达维多维奇·朗道

列夫·达维多维奇·朗道（1908–1968）是来自苏联的犹太物理学家和数学家，他在量子物理学、液氦的先驱性理论（因此获得诺贝尔奖）和抗磁性方面的研究享有很高的国际声望。他的"朗道十诫"被认为是现代科学的杰作。他与同样来自苏联的犹太科学家利夫希茨（E. M. Lifshitz）合作密切。在朗道最为大众熟知的著作中，《力学》（Mecánica）、《经典场论》（La teoría clásica de campos）、《量子力学：非相对论理论》（Mecánica cuántica: teoría no relativista）、《量子电动力学》(Electrodiuámica cuántica)、《统计物理学》（Física estadística）和《流体力学》（Mecánica de los fluidos）最为突出。

弗里茨·阿尔贝特·李普曼（Fritz Albert Lipmann，1899–1986）出生于柯尼斯堡的一个德国犹太家庭，在纳粹主义的迫害下移居美国。他在 1945 年发现了辅酶 A，与提出三羧酸循环（或克雷布斯循环）的汉斯·阿道夫·克雷布斯（Hans Adolf Krebs）共同获得 1953 年的诺贝尔生理学或医学奖。

哲学

　　思考是人类的一项独特活动，也是犹太文化里的基本概念。除了其他传统仪式，整个安息日都是用来反思的。根据这个传统，犹太人不仅思索自然界和日常生活的成因，而且还考虑其自身存在的缘由，以及整个民族和全体人类的生存状况。就像摩西与上帝在西奈山上建立的关系那样，犹太人与上帝之间也是私人的联系，不可能折中。无论是单个的犹太教徒还是教堂，或是团体，都要时时刻刻自我检查和反省。因此，毫不奇怪，众多犹太人在哲学领域十分出色。◆

迈蒙尼德 别名"摩西·本·梅蒙"（Moshé ben Maymon，1135—1204），是中世纪犹太教首屈一指的犹太医师、拉比和神学家。作为杰出的哲学家和宗教人士，他的观念影响了中世纪的思想潮流。亚里士多德理性主义与信仰教条在他的哲学思想中得到了很好的体现。

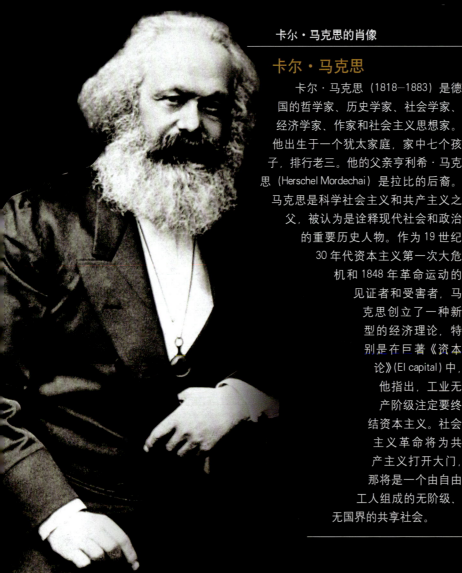

卡尔·马克思的肖像

卡尔·马克思

　　卡尔·马克思（1818—1883）是德国的哲学家、历史学家、社会学家、经济学家、作家和社会主义思想家。他出生于一个犹太家庭，家中七个孩子，排行老三。他的父亲亨利希·马克思（Herschel Mordechai）是拉比的后裔。马克思是科学社会主义和共产主义之父，被认为是诠释现代社会和政治的重要历史人物。作为19世纪30年代资本主义第一次大危机和1848年革命运动的见证者和受害者，马克思创立了一种新型的经济理论，特别是在巨著《资本论》(El capital) 中，他指出，工业无产阶级注定要终结资本主义。社会主义革命将为共产主义打开大门，那将是一个由自由工人组成的无阶级、无国界的共享社会。

瓦尔特·本雅明（1892—1940）是受马克思主义教育熏陶的哲学家和文学评论家。他的所有思想都源于德国浪漫主义、马克思主义和犹太神秘主义。尽管从未与之产生直接联系，但本雅明与法兰克福学派联系紧密。他被纳粹驱逐出境，移居法国，后又逃到了西班牙。当得知佛朗哥的追随者打算将他移交给盖世太保（国家秘密警察）后，他在西班牙被迫自杀。

哲学家伊曼努尔·列维纳斯的照片

伊曼努尔·列维纳斯

　　哲学家和作家伊曼努尔·列维纳斯（1906–1995）是 20 世纪享有盛名的最伟大思想家之一。他生于立陶宛，大部分家人死于希特勒的毒气室。通过他的作品和教学工作，他帮助传播了胡塞尔现象学。尽管他是海德格尔（Heidegger）的学生，但因对方坚持纳粹主义而分道扬镳。从此，列维纳斯强调了道德在任何哲学方法中的重要性，他一生都致力于第二次世界大战后的道德思想重建。

马丁·布伯的照片

马丁·布伯

　　马丁·布伯（1878–1965），奥地利－犹太哲学家和作家，也是一位无政府主义者，因遭到纳粹迫害而移民以色列。他以对话哲学（每一种关系中都存在"我"和"你"），以及哈西德主义的著作闻名于世。他是集体农耕运动和存在主义思想的犹太复国主义崇拜者，并赞成将巴勒斯坦分为两个国家：一个是以色列，另一个是巴勒斯坦。

艾瑞克·弗洛姆（Erich Fromm）的照片

艾瑞克·弗洛姆

　　艾瑞克·弗洛姆（1900–1980）是著名的犹太－德国社会心理学家、精神分析家和人文主义者。他是法兰克福大学社会科学研究所的成员，积极参与了法兰克福学派第一阶段的跨学科研究，直到 20 世纪 40 年代后期，由于对弗洛伊德理论的异端解释，遂与之决裂。面对纳粹的迫害，他逃到了美国。弗洛姆是精神分析理论和实践的主要革新者之一。他最著名的两部作品《爱的艺术》（El arte）和《逃避自由》（El miedo a la libertad）被翻译成无数种语言。

以色列博物馆

　　希伯来人走遍了世界各个角落，分散在世界各地，留下了无数历史见证。除了居住地，许多博物馆也很好地保留了他们的历史遗产。当然，在最大的犹太人聚居区，博物馆的重要性更加不言而喻。毋庸置疑，以色列必然位居榜首。在这个国家，为了寻找古老的历史根源，考古活动不断发展，并成功复原了与《圣经》相关的各种文物。同样，国家还不遗余力地集中挽救那些不复存在的人留下的见证：被纳粹灭绝的受害者。◆

慕尼黑犹太博物馆收藏了该市前犹太社区的宝贵珍品，而该社区在纳粹德国的统治下遭到了大规模屠杀。

纽约犹太博物馆

　　其最有价值的藏品包括一座 16 世纪波斯犹太教堂的马赛克墙面和一个 15 世纪来自意大利的木制约柜。

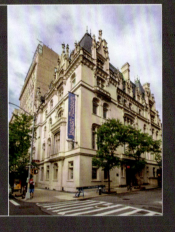

❖ 纽约犹太博物馆位于曼哈顿的中心。

柏林犹太博物馆

　　柏林犹太博物馆展现了犹太人在德国生活 2 000 年的生活历程。建筑物传达的主要思想是对大屠杀的追思。大屠杀塔和流亡花园是两个相邻的建筑。

❖ 波兰建筑师丹尼尔·里伯斯金 (Daniel Libeskind) 设计的建筑侧视图。

以色列犹太大屠杀纪念馆

　　Yad Vashem（意为"有纪念、有名号"，献给"大屠杀中的烈士和英雄"）是以色列官方设立的犹太人大屠杀纪念馆，意在纪念第二次世界大战期间惨遭纳粹迫害的犹太受害者。2007 年 9 月，它被授予"阿斯图里亚亲王促进和谐奖"。纪念馆包含多个展厅，其中最特别的展厅是纪念堂，保存着 600 万遇难者的信息。建筑物是钢筋混凝土结构，内部专设永恒的燃烧火焰。地面上写着死亡集中营的名字。该博物馆位于耶路撒冷的赫兹尔山。

❖ 以色列犹太大屠杀纪念馆致力于追忆大屠杀的受害者。

美国大屠杀纪念馆

　　这座美国的官方纪念馆致力于记录、研究和诠释大屠杀的历史，同时也回忆了在纳粹德国大屠杀期间丧生的数百万欧洲犹太人和其他社会团体。

❖ 美国大屠杀纪念馆于 1993 年 4 月对公众开放。

以色列博物馆

　　以色列博物馆成立于 1965 年，位于耶路撒冷以色列议会厅附近。尽管成立的时间相对较短，却赢得了世界范围的声誉。博物馆的收藏范围从史前考古学到当代艺术，日常活动包括临时展览、出版物和教育活动。它是以色列在文化领域的领头机构，还是世界上最大的百科全书博物馆之一。展厅内设立了所罗门圣殿时期耶路撒冷市的巨大模型。

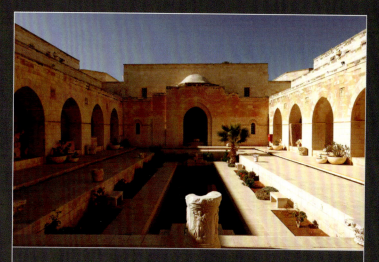

洛克菲勒考古博物馆

　　洛克菲勒考古博物馆是以色列规模最大、最著名的考古博物馆之一。它坐落在东耶路撒冷阿伦·拉希德街上一栋宏伟的石灰石建筑中，拥有英国统治期间 (1919 年至 1948 年) 发现的大量古物。

❖ 洛克菲勒考古博物馆位于东耶路撒冷一栋典型的阿拉伯豪宅内。

❖ 博物馆的展品之一就是这种上面刻有该亚 (Caifás) 名字的石棺。

奥斯威辛－比克瑙国家博物馆

　　博物馆位于波兰的奥斯威辛镇，距离克拉科夫 68 千米，是最可怕的纳粹集中营之一。除了保护工作，博物馆还从事科学研究，出版自己的纪念品，准备在波兰和其他国家的展览，为来自波兰和世界各地的师生举办讨论活动，并组织国际会议、研讨会和座谈会。它还为波兰教师提供关于极权主义、纳粹主义、仇外心理、反犹太主义和大屠杀等主题的研究生课程。

❖ 博物馆所在地奥斯威辛－比克瑙纳粹集中营的入口大门。

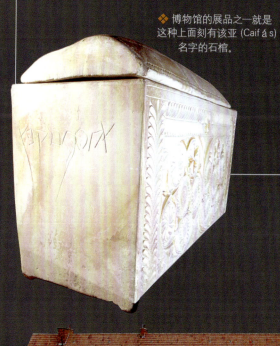

纪年表

前2000年，在穿越美索不达米亚之后，闪族的牧民部落带着他们的羊群一起进入了迦南之地，并在那里定居。作为唯一的参考来源，《圣经》只详细记录了其中一个故事：亚伯拉罕在前1950年左右出生于苏美尔的吾珥市。他的血脉衍生出一个特定的族群，即希伯来人，对整个世界历史产生了深远的影响。在这段历史的框架内，迦南成为应许之地，其象征意义具有双重性：一方面，它承载着领土冲突的归属问题；另一方面，它是全人类的乌托邦地区。◆

约前 1900

族长

在进入迦南的闪族部落中，以亚伯拉罕为首的部落脱颖而出。据《圣经》记载，亚伯拉罕是首位族长和一神教的创始人。

前 1440

埃及之囚

在法老阿蒙霍特普二世（Amenhotep II）统治时期，埃及文字记录的文献首次提及 Apiru，指的是"希伯来人俘虏"。

前 1250

出埃及记

受干旱和饥荒的影响，希伯来人从迦南迁到埃及，沦为奴隶。在拉美西斯二世（Ramses II）统治时期，他们在摩西的带领下摆脱了奴隶身份，回到了迦南。

前 1210

重返迦南

据估计，在西奈沙漠徘徊约40年后，300万以色列人到达了约旦河。摩西则死于约旦河东岸，

其继任者约书亚·本·嫩带领以色列人进入迦南。

前 1200

士师

以色列人开始在迦南之地进行殖民，并在12个部落之间瓜分领土。麦伦普塔赫石碑上首次提到了"以色列"这个名字。

前 1140

迦南战争

迦南部落试图将以色列的部落赶出该国的北部和中部。希伯来人的抵抗运动由士师巴拉（Barak）和女先知底波拉领导。

前 1030

撒母耳时代

在撒母耳的带领下，希伯来人与迦南人结盟，在米斯巴击败了腓力斯丁人。

前 1025

扫罗王

撒母耳膏立扫罗为以色列的第一任国王，扫罗王后来死于与腓力斯丁

人的战斗中。

前 1000

大卫王

大卫登基，定都耶路撒冷，领导以色列王国进行军事和经济扩张，征服领土面积介于2.4万至3.4万平方千米。

前 961

所罗门王

大卫之子所罗门继位。他开创了以色列的辉煌时代，建造了伟大的建筑杰作。其中，耶路撒冷圣殿存放着约柜。还与推罗、埃及和示巴签有贸易协定。

前 922

犹大和以色列

所罗门死后，前922年，罗波安（Roboam）成为继承人。包含北部10个支派的以色列与拥有耶路撒冷的犹大支派，便雅悯支派之间的关系十分紧张。此后分裂为两个王国：以色列王国（前920年至前720年），后被亚述人征服，犹大王国，前586年，耶路撒冷被巴比伦攻陷。

前 853– 前 722

亚述囚禁

亚述国王撒缦以色三世（Salmanasar III）和萨尔贡二世（Sargón II）分别于前853年（卡卡战役）和前722年摧毁了以色列王国首府撒玛利亚，并驱散了希伯来人（"10个失落的部族"）。

前 586

巴比伦囚虏

巴比伦征服了犹大王国，耶路撒冷圣殿遭到第一次破坏，大量人口被驱逐到巴比伦。为了避免沦为奴隶，许多犹太人逃往埃及、叙利亚和波斯。

前 539

建造第二圣殿

居鲁士二世登上波斯王位后，统治了巴比伦（前539年），并允许犹大王子塞巴萨（Sesbasar）和所罗巴伯（Zorobabel）带领犹太人返回他们的土地，变成"犹大总督"。到前525年，耶路撒冷第二圣殿的建设已经完成。

前 331

马其顿时代

亚历山大大帝（Alejandro Magno）击败波斯。前331年，以色列成为马其顿王国的一部分。亚历山大去世后，以色列王国在20年内5次易主。最后，它属于托勒密的马其顿王朝。

前 168

马加比家族

塞琉古王朝的国王安条克四世在位期间（前174年至前163年）攻陷了耶路撒冷，玛他提亚（Matitiahu）和他的后代马加比家族随后叛乱。前168年，犹大·马加比（Judas Macabeo）占领耶路撒冷，清理了圣殿，解放了犹大全境。

前 63

占领罗马

庞培征服了犹大。前26年，本丢·彼拉多（Poncio Pilatos）被任命为犹太省总督。在他受命期间，耶稣被钉死在十字架上。罗马将犹大并入叙利亚，并命名为巴勒斯坦省。

传奇的迦南地

君主和红衣主教的主场

在地中海东岸，生活着一种名叫 "Murex brandaris" 的软体动物，通常被称为 "染料骨螺" 或 "贝紫"。它有一种特殊的习性——会分泌出一种暗红色的液体，以此防御天敌。在远古时代，"贝紫"被认为是羊毛和纱线染色的极佳液体，但是要提取几克纯净的染料，必须宰杀大约一万只软体动物。因此，紫红色织物的价格无比高昂，只有最富有的人才能负担得起这些红色的长袍。550年，在拜占庭，一位皇子被任命为红色染剂的管理者。在苏美尔语中，"紫红色"被称为 "kinahu"。迦南，"紫红色"的国家，便源于这一词语。紫红色的标志使迦南变成了许多人梦寐以求的应许之地。

132

新一轮流放

132 年，巴尔·科赫巴的叛乱爆发。罗马人夷平耶路撒冷，摧毁了圣殿。犹太人被驱逐出境。大部分犹太人散居在整个北非。

711

前往西班牙

7 世纪，犹太人参加了柏柏尔人对阿拉伯人的抵抗战争。柏柏尔女王卡希姗自称是犹太人，后来横渡西班牙。在基督徒的迫害下，自 711 年瓜达莱特战役后，他们转为支持阿拉伯的扩张。在与伊斯兰兄弟共处的时光里，安达卢斯的希伯来文化得到了大规模发展。

1492—1600

被驱逐出西班牙

在西班牙的 7 个多世纪里，犹太人积极地参与了经济、政治、艺术和文化活动，却最终被基督教王国排斥。1492 年，最后一个穆斯林据点格拉纳达沦陷后，天主教双王与教会紧密联盟，开始大肆驱逐犹太人离开西班牙。同时，他们设立一个宗教裁判所，专门负责 "血液纯度" 和追求 "犹太化实践"。许多犹太人定居在北非和奥斯曼帝国的城市。其他人则被驱逐出境，进入葡萄牙，或到当时的欧洲民主国家荷兰避难。

1665—1700

迫害与弥赛亚主义

赫梅利尼茨基 (Bogdán Jmelnitzki) 领导的哥萨克叛乱引发了大规模的屠杀浪潮，受动乱影响，在欧洲的犹太人考虑大规模返回巴勒斯坦。但是，中东的统治者奥斯曼帝国阻断了他们的迁徙之路。

1720—1789

1720 年左右，拉比 "美名大师" 以色列·本·以利撒创立了哈西德主义，这是一个具有鲜明弥赛亚色彩的宗教运动，重申了返回应许之地的决心。1789 年，法国大革命废除了现行的反犹太法，赋予了犹太人公民权。

1800—1920

反犹太主义和犹太复国主义

1821 年，希腊东正教主教谋杀案激起了针对俄罗斯、波兰和土耳其犹太人的屠杀。1881 年，沙皇亚历山大二世 (Alejandro II) 遇刺身亡的消息在俄罗斯触发了犹太人大屠杀。1894 年，"德雷福斯事件"在法国爆发，引发了反犹太浪潮。1896 年，西奥多·赫茨尔撰写了《犹太国》一书，奠定了犹太复国主义的概念基础。1897 年，第一届犹太复国主义代表大会召开。1903 年，沙皇加强了反犹太立法。同年至 1906 年，更多中欧和东欧地区的犹太人被杀害，并以基什涅夫大屠杀为高潮。1905 年，俄罗斯颁布了反犹太主题的《锡安长老会纪要》(Los protocolos de los sabios de Sión)。犹太人移民巴勒斯坦的数量有所增加。

《贝尔福宣言》

英国从土耳其手中夺取了巴勒斯坦的控制权。《贝尔福宣言》承诺，在巴勒斯坦建立 "犹太民族之家"。俄国革命废除了反犹太立法。国际联盟授予英国在巴勒斯坦的领导权。

1939—1945

大屠杀

第二次世界大战期间，纳粹主义消灭了约 600 万犹太人。英国试图阻止幸存者移居巴勒斯坦。1945 年，在的黎波里（利比亚）和法尔哈德（伊拉克）发生了反犹太人的动乱。

1948

以色列国

1947 年，联合国决定将巴勒斯坦分为两个国家，一个犹太国家和一个巴勒斯坦国。虽然阿拉伯世界不接受这样的分配决议，但以色列仍于 1948 年 5 月 14 日宣布独立，并得到了苏联的支持。阿拉伯－巴勒斯坦－以色列冲突由此产生。

❖ **喝酒庆祝** 星期六的庆祝活动是犹太教的传统习俗之一，并且以酒助兴、以酒为乐。

术语表

阿莱夫

希伯来语字母表的第一个字母，相当于西班牙语中的"a"。

阿利亚

在希伯来语中意为"上升，前进"，特指向以色列移居的犹太人。

阿门

在希伯来语中意为"我们会相信"，是祈祷的结束语，相当于"但愿如此"。

阿米达祷词

面对耶路撒冷的方向，站立着祈祷。

阿什肯纳兹犹太人（德系）

祖先居住在欧洲中部或东部的犹太人。

埃波月

犹太国历的11月（教历的5月），共有30天，以纪念圣殿被毁日。

安家符

门柱圣卷。一个小盒子内盛放的一张写有命令或祈祷的羊皮纸。安家符被安装在街门内，提醒犹太人回想起自己的宗教使命。

安息日结束礼

在希伯来语中是指"区分""分离"。在安息日或其他庆祝活动结束时发出的祈祷，象征性地使圣日与其他日子有所不同。

白面包卷

通常是指在安息日和其他节日吃的白面包卷。

藏起来的无酵饼

在逾越节晚餐上吃掉的最后一块无酵饼。它通常是藏起来的，以便孩子们可以借机玩耍，寻找并吃掉它。

忏悔

在希伯来语中指"悔改"，适用于重返宗教活动的外行犹太人。

《出埃及记》

《律法》的第二本书，在西班牙语中被称为"Éxodo"。

《创世记》

第一本律法书，西班牙语译名为"Génesis"。

大会堂

进行宗教研究的房屋。

大屠杀纪念日

根据犹太历法，"大屠杀纪念日"是以珥月的27日，以纪念在纳粹主义下惨死的犹太人。

大卫之盾

六角星是犹太教的象征符号之一，根据传统，它被画在传奇诗人大卫王的盾牌上。今天，以色列的国旗上也有大卫之盾。

祷告

犹太教祈祷书中记录了正式的祷文。

祷告巾

在受诫礼上，男子的披风。它必须包含四个角，角上有流苏。

恶舌

在希伯来语中是指"邪恶的语言"，即诽谤的戒条。

儿子

在阿拉姆语中，称为"bar"。它被用于显示父系关系。例如，摩西的后继者约书亚·本·嫩（Josué"ben"Nun）的名字被翻译为：嫩（Nun）的儿子约书亚（Josué）。

发酵食物

在庆祝逾越节期间禁止在家里食用或保存的发酵或酵母食品。

法定人数

举行正式礼拜仪式的法定人数，10人一组，庆祝受诫礼的礼拜仪式，并且是从事任何宗教活动的最低人数。

放逐

希伯来语中意为"浪潮""波动"或"滚滚波浪"。在犹太王国陷落后，特别是在罗马占领巴勒斯坦后，该术语特指流离失所的犹太侨民。

割礼

包皮环切术（割礼），是指在婴儿出生后的第8天对其进行包皮切割。

《革马拉》

《塔木德》的一部分，写于2世纪至4世纪，包含论证、评述、轶事和法律规定的汇编。

给予

不顾个人利益，对他人进行慷慨援助。根据《塔木德》的说法，《摩西五经》、给予和劳动是构成世界的基础。

公认的荣誉头衔

在希伯来语中意为"父母"，特指族长（亚伯拉罕、以撒和雅各）。

篝火节

对应于俄梅尔月的第33天，以纪念犹太人与罗马占领者的战斗。在这一天，犹太教徒点燃篝火，在林中漫步。

冠冕

在希伯来语中是指"皇冠"。当《摩西五经》从圣柜取出并交到犹太会堂的信徒手中时，它被覆上皇冠，以示敬意。在神秘主义传说中，当神着手创造人间时，会亮出自身的冠冕。

光明节

根据犹太历法，从基色娄月25日开始，持续8天，其间点燃8根光明节蜡烛。这个节日是纪念前168年马加比家族领导犹太人战胜塞琉古王朝的国王安条克四世，后者曾强制将犹太人"希腊化"。

《哈夫塔拉》

先知书与其他部分书卷。根据日期编排的经文选编。

《哈加达》

在希伯来语中是指"传奇"或"故事"，也指逾越节庆祝活动中读到的祈祷词和歌集。

《哈拉卡》

犹太人必须遵循的一套规则和命令。

哈西德主义

由拉比以色列·本·以利撒（1700–1760，绰号"美名大师"）创立的精神复兴运动。他将伟大的神秘主义和信仰与生活乐趣联系在一起，深入欧洲贫穷的犹太人心中，与苦苦钻研学术的传统拉比形成鲜明的对比。

好日子

在希伯来语中是指"美好的一天"，用于指定任意假期。

合法食品

在希伯来语中是指"允许""授权"，特指根据律法规定而屠宰、加工、制作和备用的食品。

华盖

新娘棚，是指由拉比主持、在犹太礼仪庆祝下的婚礼檐篷，也泛指整个婚礼。

欢庆妥拉节

在希伯来语中是指"乐于律法"。在犹太结茅节的末尾，开始新一轮的律法书阅读周期。

基帕（圆帽）

在进行某种宗教仪式时，男性会遮盖自己的头部。犹太帽的使用并不是《摩西五经》规定的任务。

基色娄月

犹太国历的3月（教历的9月），即庆祝光明节的29天或30天。

讲经台

教堂中拉比的高座。大部分犹太教父进行宣讲时的讲台或桌子。

教堂

在希伯来语中是指"社区之屋"，特指犹太教堂。

接待客人

在自己家里热情地欢迎所有宾客，无论他是不是犹太人。

戒条

在希伯来语中是指"戒律""命令""诫命"。《摩西五经》中有613条诫命，指导着犹太人的生活。

经文匣

护身符。在一个小方块上绑着皮革表带，内部装有教规。若将它缠绕在左臂上，是对心脏和感知的暗示，若绑在头部则是对智力的暗示。

净身池

收集雨水或泉水的礼池，人们在其中进行净化浴。

卡迪什

生命的赐予者上帝是唯一可以夺走它的人。基于这样的观念，教徒会在葬礼上对神性进行赞美祈祷，无论死者是犹太人的亲戚还是普通人。

苦菜

逾越节餐桌上的一道苦菜，如萝卜，象征着遭受埃及奴役的苦涩。

拉比

指已经获得传统礼仪认可的《摩西五经》学者和修行者。是依灿语的表达方式，被德系犹太人用来命名他们的智者。在哈西德主义中，每个拉比都代表着一个特定的学派或趋势。

利未

以色列的12个部落之一，其成员致力于帮助耶路撒冷圣殿的祭司完成宗教事务。今天，利未人的后代也经常在会堂里帮助处理宗教事务。

灵魂升华

在希伯来语中是指"为了灵魂的升华"。根据卡巴拉式的概念，是指灵魂与神性之间的高度融洽。

领唱者

是指宗教歌手，负责犹太教堂的祈祷。

律法书片段

每周诵读《摩西五经》的部分内容。

玛西班月

犹太国历的2月（教历的8月）。

《弥基录》

在希伯来语中是指"滚动"，即"轴卷"之意。《塔纳赫》含有5个冗长而复杂的故事，必须在一年中的某些时候阅读。

米德拉什

学习或解释律法书的宗教文献。《圣经》的注释文学起源于前1世纪，延续到14世纪。对塞法迪犹太人来说，米德拉什也指为死者祈祷。

《密西拿》

汇编口述法律所建立的条约。它是《塔木德》的一部分，写于前6世纪和基督教时代的第2个世纪。

《摩西五经》

《圣经》的前五卷。《圣经》的希伯来语名称，它是犹太文化的主要根基。

母亲

用于特指女性族长、族长的妻子：萨拉（Sarah）、利亚和拉结。

尼散月

犹太国历的7月（教历的1

月），本月有逾越节和大屠杀纪念日。

派对

是庆祝活动的日子。

普珥节

在亚达月14日庆祝的节日，以此纪念得益于埃斯特皇后（Ester）调解，犹太人在巴比伦免受死刑的历史。这个假期被认为是犹太狂欢节。

七烛台

据《摩西五经》记载，七烛台是在圣殿中点亮的。它是犹太教的象征性标志之一。今天，仍出现在以色列的国徽中。

祈福式

在希伯来语中是指"神圣化"。在安息日前夕和其他节日的祝福仪式中都可以喝到葡萄酒。通过念诵经文来向其他参与者解释庆祝节日的原因。

虔诚

指所有的宗教观察者，尤其是哈西德主义的追随者，也扩展到所有善良的人。

"全心全意"

在希伯来语中是指"意图""目的"。从哈西德主义开始，投入而有方向地祈祷是信仰的基本要求之一。

荣耀

在希伯来语中是指"尊重"上帝、生命和整个外界。

塞法迪人

是指西班牙系犹太人。从西班牙被大规模驱逐出境的犹太后裔，他们仍然使用着15世

纪的西班牙语。

丧亲之痛

在希伯来语中是指"将被记住"，为纪念死者（无论是家庭成员还是其他犹太人）而宣读的祈祷词。

僧侣

也称大祭司、牧师。在耶路撒冷圣殿，负责举行神圣的仪式。

舍金纳：神之临在

在神秘主义的传统中，舍金纳（Shejiná）是最贴近日常和普通群众的神。实际上，这个词来源于shajén，在希伯来语中意为"邻居"。

生命之树

表示被《摩西五经》经书缠绕的树木枝干。

圣地

首先是指上帝，也指《律法》《塔木德》、死者的坟墓，以及任何值得供奉的地方。

圣殿被毁日

埃波月9日，这是最悲伤的日子之一，此日要纪念耶路撒冷圣殿的毁灭。

圣柜

犹太教堂的圣方舟，《摩西五经》卷轴存放其中。

圣会节

犹太结茅节结束后第二天举行的节日。

圣洁

通常是指在祷告中最重要的时刻，站着朝向耶路撒冷，

以非常低沉而轻柔的声音诵读经文。

圣名

在希伯来语中是指"名字"，口头表述暗指上帝。根据十诫指令，上帝的名字不能随意称呼。

圣徒

在希伯来语中意为"圣人的学徒"，并且特指有智慧的圣人。因为在犹太人的观念里，每个圣人实际上都是永恒的学徒，终生学习。

盛宴的喜悦

相当于表达美好的祝愿。

诗篇

《塔纳赫》一书被细分为多个诗篇。

十诫

法律石板中写的《十诫集》。

石榴

指《摩西五经》的装饰品。

受膏者

根据先知的预言，弥赛亚将被指定来实现犹太人和全人类的救赎。

受诫礼

希伯来语中是指"诫命之子"。当犹太男子年满13岁时，举行受诫礼。此后，他可以作为成年人加入社区生活。

赎罪日

在希伯来语中是指"宽恕之日"。律法书规定，在犹太历法提斯利月的第10天，希伯来人必须禁食并祈祷，以实现对罪孽的

神圣赦免，于犹太新年过后的第10天庆祝。

四面陀螺

在光明节上表演的陀螺。

诵经师

能够在犹太教堂正确解读《摩西五经》的人。

苏克棚

在希伯来语中意为"住棚"。每个犹太人都会在自己的房屋内搭建一座小帐篷，以纪念逃出埃及后，先祖们在沙漠中的动荡生活。

《塔木德》

讲解犹太律法和传统习俗的书，包含《革马拉》和《密西拿》。

《塔纳赫》

包含《摩西五经》《先知书》和《圣文集》的书集，在西班牙语中通常被称为《希伯来圣经》。对犹太人来说，这是"书中之书"。

坦木兹月

犹太国历的10月（教历的4月），共有29天。在当月的17日实行斋戒。

探病

为病人提供帮助的宗教指令。

屠宰仪式

根据犹太教的饮食教规，是指屠宰牛、羊等的仪式。

未来世界

在希伯来语中意为"超越"，但犹太教并不倾向于谈论尘世以

外的世界。

无酵饼

在逾越节上食用的无酵饼，目的在于唤起犹太人追忆在埃及被奴役期间遭受的苦难。

五祭

在希伯来语中是指"献祭"。在古代，特别是在圣殿时代，以念诵祈祷文代替。

五经

希伯来语jamesh，意思是"五"，指定律法的五本书集合成《摩西五经》。

五旬节

在希伯来语中表示"周"。这是纪念《律法》被赐给摩西和以色列人民的节日，在息汪月的第6日和第7日庆祝。

西墙

耶路撒冷圣殿的唯一遗迹，也被称为"哭墙"，是东正教犹太人的圣地和祈祷场所。

息汪月

犹太国历的9月（教历的3月），共有30天，并在其中庆祝五旬节。

锡安山

耶路撒冷一座小山的名称，也泛指整个城市。

细罢特月

犹太国历的5月（教历的11月），共有30天。

先知

指一群有远见卓识的人，按照传统，上帝借他们的口传递指令。

现实世界

与"未来世界"相对，涵盖了人间生活的所有物质和精神方面。

星期五晚上的蜡烛

指在安息日和其他节日点亮的蜡烛。

亚达月

犹太国历的6月（教历的12月），共有29天，该月要庆祝普珥节。

羊角号

特别是在犹太新年或将近整个以禄月，犹太教徒礼拜时都会吹响公羊角号。因为在安息日不可做工，所以也禁止虔诚的犹太人触摸号角。

以禄月

犹太国历的12月（教历的6月），共有29天。

以色列国独立日

1948年5月14日正式宣布以色列国成立。1949年以色列议会通过决议，确定犹太民历以珥月5日为"以色列国独立日"。

犹太法典

犹太人必须遵守的行为标准汇编。

犹太复国主义

出现于19世纪的民族主义浪潮，最终促使以色列国建立。

犹太教安息日

根据犹太日历，指一周的第七天，对应星期六，必须举行庆祝活动。律法明确表明，如同上帝在创世结束时所做的那样，犹太人应该在安息日休

息、学习和冥想。在希伯来语中指"星期六的宴会"。仪式在星期五晚上、第一颗星星出现之前举行，以欢歌笑语迎接星期六。

犹太教祈祷书

传统或灵修的祈祷书。

犹太结茅节

在希伯来语中意为"住棚节"或"小屋的节日"，开始于提斯利月的15日，持续七八天。

犹太圣殿

在希伯来语中，"圣殿"一词专指耶路撒冷的圣殿，所有犹太信徒都要朝着圣殿的方向祈祷。

犹太新年

在提斯利月的前两日庆祝犹太新年。在这一天和十日后的赎罪日之间，上帝权衡每个犹太人的罪恶和美德，并决定每个犹太人的命运。

逾越节

逾越节是犹太教最重要的节日之一，目的是纪念在埃及被奴役的犹太人解放的过程。按照传统，每个犹太人都必须记住这一事实，就好像自己亲身经历过一样。

逾越节家宴

在希伯来语中是指"秩序"，为逾越节根据某些特定规范和传统准备的晚餐术语。

约石

在上帝的指示下，于石头上篆刻的律法简书。其中，摩西撰写了犹太教和大众文化的伦理基础《十诫》。

《在旷野》

《律法》的第四本书，即《民数记》。

赞美诗

诗篇，包含在《塔纳赫》中，作者是大卫王。这本书是虔诚祈祷的源泉。

章节

《摩西五经》被细分为几个部分，每个部分为一个章节。

遮布

覆盖着圣柜。在宗教活动中，当取出和保存《摩西五经》时，需要打开和盖上遮布。

阵亡将士纪念日

在希伯来语中是指"纪念日"，在以色列独立日前夕，纪念在希伯来国解放战争中丧生的战士。

智者

在希伯来语中是指"聪明"，这个词通常指塔木德圣人。

烛台

光明节烛台共9支。节日期间点燃8支。

罪恶

指违反宗教法规的行为。